ちくま新書

臨床心理学小史

トウタツヤ
Tatsuya

1656

臨床心理学小史【目次】

・出典のない画像は、Wikipedia (public domain) から引用した。

はじめに

教育実践を職業として行う人が登場すれば、その人を訓練するシステムが必要になる。医療実践を職業として行う人が登場すれば、その人を訓練するシステムが必要となる。宗教実践を職業として行う人が登場すれば、その人を訓練するシステムが必要となる。

この意味で、心理実践を職業として行う人がいれば、その人を訓練するシステムが必要となるのだが、心理実践の職業化（プロフェッショナル化）は、教育・医療・宗教に比べると遅い。比較的最近のことである。

これは、心理学という学問が近代という時代と相関関係にあるということと無関係ではないだろう。本書では、心理実践＝臨床心理が、専門として確立し職業として成り立っていく様を心理学史を中心にしながら描いていくことを目的とした。

文中、出来事のおきた時間の記述（＊＊世紀の前半、＊＊＊＊年代）が少し煩雑《はんざつ》に感じるかもしれないが、読み飛ばしてもらってかまわない。私は「歴史＝事実×物語」だと考えており、この定式化によればどちらかがゼロになると歴史ではない。だから時間記述にこだわるのである。

歴史は出来事の流れを追うものだが、ややもすればこちらが持っている解釈の枠で事実の前後関係を勝手に読み解いてしまうことがある。そうした勝手な解釈に歯止めをかけるために、何がいつ起きたのか、ということの記述が重要なのである。それゆえに、時間の記述が多めになっているとご理解いただきたい。

本書は拙著『臨床心理学史』（東京大学出版会）のコンパクト版ではないかと思う人もいるだろうが、そういうものではない。もちろん、そのときの経験が本書の執筆に活かされていることは否定しようがなく、記述や構成が類似している部分もあるが、本書には『臨床心理学史』では扱いきれなかった日本の臨床心理学史が含まれており、それが本書の特徴となるであろう。

第1章 臨床心理学の成立まで

臨床心理学が学問として成立するのは、一九世紀後半の心理学の成立を経て一九世紀末のことである。とはいえ、そのときになって初めて何かが始まるわけではなく、準備期間が存在する。

本章ではそうした時期の出来事も含めながら、心理学や臨床心理学の成立について記述していく。

1 心理学の長い過去（一）――中世まで

†一万年前――魔術医とシャーマニズム

医学の歴史を簡潔に提示したピックオーバー『医学全史』と心理学の歴史を簡潔に提示したピックレン『心理学超全史』は、医学と心理学の歴史が始まる前の歴史（前史）も扱っており、約一万年前の事柄から始まっている。

前者では「魔術医（Witch Doctor）」、後者では「シャーマニズム」である。そして二つ目の項目は約六五〇〇年前の「穿頭術《せんとう》」／「穿頭」となっていて、期せずして医学と心理学の前史は同じ事柄から始まっている。もちろん他の多くの本がここから始まっているわけではないから、ちょっとした偶然の一致なのかもしれないが、医学と心理学の遠い始まりは混然としていたのかもしれないと考えることもできる。

今でこそ医学は自然科学的な技術に支えられているが、一万年前は身体医学が発達していないという意味で、身体に関する現象と心に関する現象が混然一体となっており、土着の知恵に支えられた治療法／治癒法が体系化されていたのかもしれない。

日常語で私たちは「メンタル」と「フィジカル」を時に明確に時に漠然と使い分けるが、一万年前にはその切り分けは難しかったのであろう。そして、次第に身体のうち頭蓋（と脳）の重要性が認識され、頭蓋への介入が身体医学の萌芽として試みられてきたのかもしれない。また、それは精神的変調への介入であった可能性もあるとされる。もちろん、頭蓋への介入が技術的に確立するのはかなり後になってからの話である。

ちなみに『医学全史』はその後、尿検査、縫合糸、義眼、と進み、『心理学超前史』では手相占い、心理占星術、釈迦の四諦《したい》と続いていく。

†ギリシャの考え方

「心理学の過去は長いが歴史は短い」と言ったのはドイツの心理学者エビングハウスである。これは、一九〇八年に出版された『心理学要論（Abriss der Psychologie）』の冒頭の言葉であり、学問としての心理学が軌道にのったことを心理学者たちが実感できた時期のことである。

のちに述べるように心理学が学問として成立したのは一九世紀中頃以降である。では、それ以前の心理学はどのようなものだったのだろうか？　エビングハウスが言う「長い過去」とはどのようなものだったのだろうか？

心とは何か。心の異常とは何か。

まず心の異常への関心は紀元前四世紀の医聖ヒポクラテス（前四六〇頃－前三七〇頃）に遡《さかのぼ》る。彼は精神病は悪霊ではなく脳が原因の病気であると唱えた。また、女性の子宮が体内を動き回る病気としてヒステリーを捉えた。これも原因が身体にあると考えた点ではその当時において新しい考え方であった。なお、ヒステリーという病名の語源は子宮であるが、この病名は二一世紀の現在では用いられていない。

心の働きはどのように説明されたのだろうか。

プラトン（前四二八頃－前三四八頃）は記憶について、心の中の蜜蠟《みつろう》の塊に印章を押しつけたときの「痕（刻印）」を記憶にたとえていた。

アリストテレス（前三八四－前三二二）は紀元前三五〇年頃『Περὶ Ψυχῆς（Peri Psychês）』を著した。この書は日本語で『心理学』と訳されたこともあったが、『魂について』と訳しておく。霊魂ではなく魂である。

ギリシャ語のΨυχῆςは魂と訳されることが多いが、キリスト教成立以前のことであり宗教性が高いわけでもないので、心もしくは心の働きと訳すことも可能であろう。『魂について』の内容は生物と無生物の区別が扱われており、生物には魂があるということになる。

ただしアリストテレスは身体と心を別のものとしては考えていなかった。そして、アリストテレスは植物、動物、人間という分類をおき、植物には栄養摂取能力と感覚能力が、動物には加えて痛みをさけ快楽に向かうことのできる感受能力が、

ヘルマン・エビングハウス

人間にはさらに加えて思考や論証する能力がある、と考えた。

アリストテレスはいわゆる能力心理学の元祖であり、その『魂について』や『自然学小論集』には「知覚と知覚されるもの」「記憶と想起」という内容などが含まれていた。記憶は受動的だが想起は能動的なものであるとして、後者を何か新しい考えを導くものだと高い評価を与えていた。アリストテレスの記憶論は連合主義（本章2節）の起源だともされているが、記憶と想起を区別していることなどは、極めて現代的であるとも言える。また、音楽が情緒のカタルシスに有効だということも述べていた。

アリストテレスの心についての考え方はキリスト教成立以前のものであるからキリスト教の教義に影響を受けておらず、それどころか一三世紀には何度か教会から禁書扱いを受けるほどであった。『魂について』の一部に魂の不滅性を疑わせる記述があったからであろう。しかし、（キリスト教の影響が相対的に低下する）ルネッサンス以降には復活したし、はやくからイスラム圏にも伝わっていて、それがさらにキリスト教圏に輸入されたという事実もある。

紀元二世紀、ガレノスが血液、粘液、黒胆汁、黄疸汁という四つの体液のうちどれが優勢であるかによって、多血質、粘液質、憂鬱質、胆汁質という気質的な差異が現れるとした。四体液説はもともとヒポクラテスが唱えたもので、四つの体液のバランスが健康に影響するというものであったが、ガレノスがそれを個人差の説明に拡張したのである。これは性格理論の源流であると同時に、精神不調を説明する理論でもあった。

†イスラム圏の考え方

アラビア語には、魂を表す語として「ナフス（精神）」や「アクル（理性）」「カルプ（心）」があり、この三つのバランスが崩れると精神疾患に陥ると考えられている。イスラム教の聖典『コーラン』にも「ナフス」や「アクル」「カルプ」についての言及があり、心の理論と読める記述も存在している。

イスラム哲学においては、すでに一〇世紀頃には心の変調である鬱についてまとまった思考がなされていた。アブザイドアルバルキ（八五〇－九三四）による『身体と魂の維持』には、鬱の問題の記述／理解とその治療方法が述べられていた。抑鬱的な思考や感情に打ち勝つための認識を養うという方針は、現在の認知行動療法に通じるものとも言われている。

イスラム圏にはアリストテレスの魂についての考え方やガレノスの気質論がイブン・ス

ィーナーほかによって取り入れられている。すなわち、ペルシャ人のイブン・スィーナー（西洋ではアヴィケンナ）は一一世紀になって『医学典範』を著したのだが、そこではガレノスの気質説を下敷きに、身体と心が相互作用するものだとされていた。

†中世の魔女狩り

キリスト教は四世紀頃までにヨーロッパでかなり勢力を得ることになった。キリスト教の考え方が世の中のシステムや学問に影響を与えていた時期、魂と（キリスト教の）神との関係に関心が持たれた。この時代は中世と呼ばれ約一〇〇〇年続いた。そして時には（その後の啓蒙＝enlightenment 時代と比較されて）暗黒時代と称されることもある。古代ローマ・ギリシャ文化の破壊が行われたと評価されているからである。

イギリスでは、一三世紀に始まったベドラム（ベスレム）病院が一四世紀になって精神を病んだ患者を受け入れるようになるなど、精神の異常に関して大きな変化が起きた（ただし一八世紀になると、入場料をとって狂人を見物させる施設として有名になってしまう。わざと患者を興奮させ、その反応を楽しむことさえ行っていたのだから驚きである）。

中世のキリスト教社会では、悪魔が人間や動物を使って悪行を行うと信じられるようになっていた。一五世紀後半、ローマ教皇インノケンティウス八世は、魔女を断罪する勅書を発し、ついでシュプレンガーによる『魔女に与える鉄槌』が刊行されると魔女狩りはあたかもブームの様相を呈していく。

魔女だとされた者は「自身は魔女ではない」と否定すると拷問を用いた取り調べが行われ、魔女だと認めると死刑に処せられた。そしてその処刑は公開されるようになり、一種の娯楽になっていった。魔女とされた者の中には、教会にとって都合の悪い者や精神的変調者が多く含まれていたとされる。

魔女狩りがヨーロッパで終わりを見せる頃には、イギリス植民地だったアメリカで流行するなど、簡単にはなくならず、長きにわたって影響を及ぼした。

一七世紀には「セーラム（Salem）魔女裁判」として知られる一連の騒動がおきた。非常に簡単に述べれば、降霊会をしていた三人の少女が精神的変調をきたしたのだが、その原因が魔女にあるとされ、少女たちが次々と魔女を指名していき、一五〇人以上が告発されたのである。

なお、この事件は二〇二一年になって過去の有罪判決に対して恩赦を与えられた最後の一人が現れたことで話題になった（https://www.afpbb.com/articles/-/3363125）。

2 心理学の長い過去（二）――近世〜近代

†用語としての心理学

一六世紀になるとコペルニクスが地動説を提唱したり、ガリレオが振り子の等時性を発見するなど、自然科学の勃興期であった。

こうしたなか、人間の魂に関する考え方にも新しい芽が現れてきた。「モナリザ」や「最後の晩餐」という絵画の作者として有名なイタリアのレオナルド・ダ・ヴィンチ（一四五二－一五一九）は、ルネサンスの体現者でもあり偉大な博物学者でもあった。ちなみに彼のこの名前は、ヴィンチ村のレオナルド、という意味である。そのレオナルドは、人体や解剖学にも関心をよせ一五世紀末頃に脳の構造を描いている。彼は脳こそが魂の宿る場所として考えていた。新しい考えが現れ始めていたのである。

用語としてのpsychologyの始まりについては、一六世紀になるとクロアチアの人文主義者マルリッチが著作の題名にPsichiologiaという語を用いた。『心理学――人間の魂の性質の認識』である。さらに、マールブルク大学のゴクレニウスが『心理学、人間の進歩について』というタイトルの本を出版した。

一六世紀には、ドイツでルターの宗教改革が始まった。ルターは、聖書を読むことによってこそ信仰を深めることができると主張し、カトリック教会の役割、特に当時行われていた贖宥状《しょくゆうじょう》制度（免罪符の販売）を批判した。なお、「聖書を読む」ためには一五世紀半ばにグーテンベルクが発明した活版印刷技術（羅針盤、火薬とともにルネサンスの三大発明と言われた）が大きな影響を及ぼしたことも重要である。

ルターの考えはプロテスタントという大きな宗教上の流れとなった。そして、人が神と直接的に向き合うことを推奨し日記を書くことを推奨したため、結果的に自己とは何かということがそれまでと違う形で構築される契機になった。

また、学問的にはアリストテレスの再評価が行われた。魂の問題を宗教の対象ではなく学問の対象として扱うことがアリストテレス復権のきっかけとなったのである。

一七世紀になると、イギリスのバートンが『憂鬱（メランコリー）の解剖』を出版した。その第一部第一章第一節第三項は「頭部の病の分類」であり、脳が精神と強く関係し病の原因となることが記されている。そして第五項では憂鬱を扱っている。

実は一七世紀のイギリスでは憂鬱が流行しており、バートンもその経験があった。彼は自身の経験も含めて、憂鬱に苦しむ人のために憂鬱を解説しているのである。彼は、黒胆汁の過剰が憂鬱を引き起こすというヒポクラテスとガレノスの体液説を踏襲していた。二〇世紀に操作的診断が必要とされたとき（第4章第2節）、イギリスでは鬱病の範囲がアメリカより広く、アメリカでは統合失調症の範囲がイギリスより広いことが問題になったのであるが、その源泉は一七世紀にあったのである。

†身体の理解の深まりとカントショック

一七世紀のフランスには哲学者デカルト（一五九六－一六五〇）が現れた。彼はカトリック教徒であっただけではなく、その教えに忠実であろうとした。ルターのように反逆的ではなかった。彼は近代哲学の祖であるとされている。

デカルトは『方法序説』における「我思う故に我あり」で有名だが、そのラテン語はCogito, ergo sum である。これを英語でI doubt, therefore I am と訳す場合がある。方法的懐疑という態度である。

なぜ彼はそのようなことを言ったのだろうか。何か確実なものを得たいと考えたデカルトは、すべてのことを疑ってみようとしたのである。そして、すべてのことを疑って疑って疑って……（略）、だが、疑っている自分を否定することはできない、ということにたどり着いたのである。「思う」にせよ「疑う」にせよ、何かを考えるということを突き詰めて考えたのがデカルトだったと言える。

そして、その後に著した『情念論』において、心と身体の関係を考察し、前者は考えることにおいて存在するが空間的に場所を占めない「思惟《しい》」であり、後者の特徴は空間的に場所を占め実体として存在するが、考えることはない「延長」にあるとした。思惟と延長を二元論的に考えたように見えるが、脳内の松果体《しょうかたい》という器官において心身が交流・合一するとも主張していた（ただし松果体仮説については現在では否定されている）。

デカルトは近代における心身二元論を提唱することで自然科学の勃興の基盤を作ったと評価されることもあるが、彼自身の考えは心身二元論的な装いをもつ心身合一説であると言われることも多い。また、デカルトは原理から導かれた認識（理性的認識）を重んじることから理性主義の祖であるとされている。その後、感覚器を通じた経験を重視する経験主義という考え方が現れると、合理主義と経験主義の理論的な対立が起きることになっていく。

一七世紀の末にイギリスのロック(一六三二－一七〇四)は『人間知性論』という著書の中で、心は生まれつき白紙(タブラ・ラサ [tabula rasa])だと考え、感覚器を通じた経験がそのノートに記されていくと考えようと提案した。そして、経験同士が結びつくことで(連合することで)観念が形成され、知覚したり判断したりできたりすると考えようとした。

ロックは、「精神的に狂った人たち」は複数の観念の結びつきが誤っている人たち、「知恵遅れの人たち」は複数の観念を結びつけることができない人たちだとした。つまり、経験主義的な立場から、正常な精神の働きと、異常な精神の働き、遅れた精神の働きを説明しようとしたのである。

さらにロックは『人間知性論』第二版で知覚に関する面白い問題について言及した。「立方体と球体を触覚で区別できる生まれつきの盲人が、成人してもし目が見えるようになったなら、見ただけで(視覚だけで)両者を区別できるか」というものである。この問題はもともとモリヌー(モリヌークスという表記も多い)という哲学者が提唱したため、一般にはモリヌー問題と呼ばれている。

この問題への答えは理性主義と経験主義で異なる。前者はYES、後者はNOと答えるであろう。このように理論に基づく予測が異なるときには理論的な論争が繰り広げられるが、おそらく決着は付かないであろう。

だが、この問題については、視力を回復する手術が行われることによって実証的な決着がついた。経験主義が予測したように、目が見えるようになったからといって、形を理解することはできなかったのである。

一八世紀になると心理学という言葉で表される学問分野を統一的なものにしようという動きが現れた。

ドイツのヴォルフはアリストテレスの能力心理学の考え方を継承し、心的能力を上級下級に分類した。論理の形式や神の認識に関連するものが上級であり、五官を通じるために外界の影響を受ける感覚や記憶は下級であるとされた。彼が刊行した『経験的心理学』や『理性的心理学』という書籍を通じて心理学という語がなじみのある語になっていった。

また一八世紀末のドイツでは医師モーリッツにより『汝自身を知れ——経験心理の学』という雑誌が刊行され、心の性質だけでなく心の病や心の治癒などに関心をもつ人たちが学問的交流を行うようになっていった。

このように、心理学は順調に発展するかに見えたが、カント（一七二四-一八〇四）によって冷や水を浴びせられることになる。
カントといえば、デカルトの「我思う故に我あり」ほど有名なフレーズがあるわけではないが、極めて重要な哲学者である。カントは、『純粋理性批判』『実践理性批判』『判断力批判』という著書を通じて、批判的思考の重要性を訴え批判哲学を提唱した哲学者である。

彼は、対象が先にあってそれに人間の認識が従うのではなく、対象が人間の認識に従うと考えるべきだとした。これは天動説が地動説になったくらい大変なことだと彼は認識していたので、(地動説の提唱者の名前にちなんで)「コペルニクス的転回」と呼んだ。

この時代、心理学はまだ独立の学問になっておらず、哲学こそが精神およびその異常に関して扱う領域であったため、彼は『脳病試論』と『人間学』で精神の変調や異常に関する内容についても扱っていた。

『脳病試論』においてカントは、精神病は「あたまの病」であり、「こころの病」は意志の破滅であるとして区別した。さらに精神薄弱も異なるカテゴリーだとした。また、『人間学』において、犯罪者の精神鑑定は医師ではなく哲学者に委ねるべきだという主張を行った。ある被告が犯罪時に悟性(ものごとを理解する力)と判断の能力をもっていたかどうかを検討することは、哲学者こそが行うべきだと主張したのである。

このように心の働きについて関心をもっていたカントであったが、カントは「心理学は科学にならない」と主張していた。一八世紀後半のことである。

彼は科学の要件として、数式による表現が可能で、研究手法として実験が可能ということを考えていた。心を扱う実験法も開発されておらず、結果を数式で表すこともできないというのがカントのその当時の判断であった。

だが、科学的な心理学を志向する者たちはくじけなかった。カントの言明に抗するかたちで心理学の科学化を遂げていくことになる。

†魔女狩りから動物磁気へ

魔女狩りが最盛期を迎え衰退に向かう一五世紀には、スペイン最初の精神病院が設立されたことからわかるように、狂人を病人として処遇しようという考えが現れ始めていた。

一八世紀までは、悪霊祓《ばら》いという形で治療を行う祓魔師《ふつまし》（エクソシスト）が活躍していた。祓魔術（エクソシスム）は、人間の精神の変調は悪魔によるものと見なし、教会が定める手順で悪魔祓いを行うものである。一八世紀に活躍した祓魔師としてはガスナー神父が有名であるが、それ以後は衰退することになる。
　そしてフランスのメスメル（一七三四－一八一五）による動物磁気療法が、宗教ではなく科学の力で精神病を治療するものとして関心をもたれるようになっていった。メスメルは人間を含む動物には動物磁気という磁気流体が存在し、その流れを変えることで心身の疾患・不調を治療できると考えた。なかでも、「ヒステリー」と呼ばれるとらえどころのない精神の変調がその対象であった。

フランツ・アントン・メスメル
（Wellcome Collectionより）

　メスメルの初期の治療では（ヒステリー）患者に鉄分の入った薬を飲ませ、磁石を用いて動物磁気の流れを変えることで（ヒステリー）症状を抑制する手法をとっていたが、やがて、薬も磁石も不要となり、手によって動物磁気の流れをコントロールすると主張するようになっていった。その際、手が身体に触れることもあったし触れないこともあった。また、「クリーズ」と呼ばれる痙攣《けいれん》発作が訪れたあとにアルモニカ（グラス・ハーモニカ）による演奏を聴かせることもあった。こうした施術によって精神的な安定を取り戻す人がいたのは事実でありメスメルの元には多くの人が集っていた。

なお、メスメル本人は動物磁気という流体の実在を主張したが、フランス王立科学アカデミーの調査によって否定された。その後、彼の療法は批判され顧みられなくなっていった。現在では彼の療法は催眠の一種であり、のちの催眠療法や精神分析の先駆となったと考えられている。

†催眠と二重人格

その後、フランスで催眠の重要性に注目したのは神経医・神経科学者のシャルコーである。彼はパリ大学の神経病学初代教授として広く神経科学の研究を行った人物である。特にALS（筋萎縮性側索硬化症）の研究は有名で、フランスではALSをシャルコー病と呼んでいるほどである。

彼はまた心因性の病態についても関心をもっており、ヒステリーの理解と治療に努めた。一八八〇年代には心理学者のピエール・ジャネ（一八五九－一九四七）を採用してサルペトリエール病院に実験心理学研究室を設置するなど、医学に心理学的な考えを取り入れることに積極的であった。

シャルコーは、ヒステリーとは催眠状態でありヒステリー患者だけが催眠にかかると主張した。彼の臨床講義では患者を催眠状態にかけヒステリー症状を作りだすことさえ行っていた。彼とその仲間はその活動拠点である病院名を冠してサルペトリエール学派と呼ばれる。

ピエール・ジャネ

彼の研究や臨床講義は評判となり、多くの人が参加した。それだけでなく他国から留学して来る者も多かった。その中には、精神分析を提唱することになるフロイトの姿もあった。

なお、シャルコーの説に対して、催眠はヒステリー患者以外でも体験が可能だと主張したのがリエボーとベルネームであり、彼らはナンシー学派と呼ばれた。結果的にナンシー学派の主張が論争に勝ったと言われており、ヒステリー以外の患者にも催眠を用いる可能性が開かれたことになる。

このような時期に少し遅れて、一九世紀末のイギリスで『ジキル博士とハイド氏』という小説が出版され、ビクトリア朝の人々の話題となり、恐れを抱かせた。そしてイギリスのみならずアメリカでも広く読まれた。これはいわゆる多重人格（今の解離性同一性障害）を扱った小説であるのだが、こうした症例は専門家の間では既にかなり知られていた。

フランスでは、ジャネが多重人格に関心を持った。多重人格は、人格は単一であるという西洋的な考え方に対する実証的な反証であり、また、その原因としてトラウマ（心的外傷）という概念を創出した。このトラウマは、サルペトリエール病院に留学していたフロイトによりドイツ語圏に、ジェームズにより英語圏に、それぞれ持ち込まれることになり二〇世紀後半にはよく知られた概念となる（第4章第4節）。

3　必須通過点——近代心理学の成立

†精神物理学

さて、ドイツの哲学者カントの不可能宣言によって科学になること／科学であることを否定された心理学であったが、それを乗り越えて科学化しようとしたのがヘルバルトである。

彼はケーニヒスベルク大学でカントの後任として哲学・教育学を教えた人で、教育学での業績が有名だが、ある表象と他の表象の関係を数式で表すことができると主張するなど心理学についても関心を寄せていた。イギリスの連合主義もまた心理を科学的に扱おうと努力を重ねていた。だが、実際に心理学を科学の領域に近づけたのはドイツの学者、ことに生理学者たちの研究であった。

ドイツのウェーバーは生理学や解剖学の研究を続けるなかで、感覚の問題に関心をもった。たとえば、重さの感覚である。彼は一九世紀前半に行った実験を通じて、オモリの重さの弁別が絶対的な差ではなく、相対的なものであることを見出した。

たとえば二〇〇グラムのオモリともうひとつのオモリの重さを比べてみるとしよう。すると、もうひとつのオモリが二〇一グラムであるとするなら、最初のオモリと重さの違いが弁別できない。つまり同じだと判断されることになる。一般的には五グラムの違い、つまり二〇五グラムであるならば、最初のオモリと比べて重さが違うという判断が行われるようになるということがわかっている。

では、五グラムの重さの違いがあればどのような重さのオモリであってもその差がわかるのかといえばそうではない。もし最初に提示されたオモリが四〇〇グラムであるならば、一〇グラムの違いがあると重さが変わったと感じられるということをウェーバーは発見したのである。つまり、二つのオモリの重さの絶対的な差が重要なのではなく、最初に持つオモリとの比が重要だということである。

話は少し変わるが、戦国時代の城づくりの話である。築城のときには大きな石を運ぶ必要がある。そのとき、あろうことか、石の上に人が乗っていて音頭をとっている絵を見ることがある。

小学生だった私は、石の上に人が乗ったらそれだけ重くなるから、むしろ石を引っ張るのを手伝ったほうがいいのではないかと思っていた。だが、それは違うのである。数トンもあるような石の上に人が数人乗っても重さの違いは感じないのである。むしろ音楽を奏でることで人足たちのリズムが整い、うまく運べるようになるのであろう。

ウェーバーが発見した重さの弁別に関する関係性を整理して発展させたのがフェヒナー（一八〇一－一八八七）である。フェヒナーはウェーバーの考えを「ΔI/I＝K（Iは刺激の強度、Kは定数）」という形で整理して定式化を行った。

フェヒナーは物理学者であり、心身二元論を前提に物理量とその感覚（＝心理量）の関係を理解しようとしていた。ちなみに彼は死後霊魂の存在も信じていた（心身二元論であ

グスタフ・フェヒナー

れば、身体が消滅しても心は存在すると考えることが可能なのである)。

彼は、ウェーバーの研究成果を整理して発展させた。感覚をE、刺激をIと表し、定数をcとするとき、$E=k\log I+c$で表されるとした。これはフェヒナーの法則と呼ばれている。「感覚の大きさ（E）は刺激の強度（I）の対数に比例して増大する」ということになる。

フェヒナーは、恒常法、極限法、調整法などの実験法を工夫してデータを取って、先の法則を導いたのだが、その実験方法が心理現象を扱うために優れていたのである。彼が出版した『精神物理学要綱』は、心理学にとって重要な方法論をいくつも提起したため心理学の基本的文献であるとされている。

†進化論と民族心理学

本書は臨床心理学の歴史を描くものであるが、臨床心理学の前提には心理学の成立が必要であり、かつ、その前提には魂や心を扱う学問が宗教（ここではキリスト教）の影響を脱しつつ科学として独立したという経緯があったことを描こうとしている。その意味で、一九世紀の中頃は非常に重要な時期である。前項の精神物理学だけではなく進化論や民族心理学も形を整えた時期だからである。

まず進化論である。ダーウィン（一八〇九－一八八二）は大学を卒業した年に、世界一周を行うビーグル号（イギリス海軍の測量船）に乗船し、多くの土地で様々に生息する多様な種を観察することができた。なかでも当時の囚人流刑地であるガラパゴス諸島では一カ月ほど滞在し、様々な種の分化を目の当たりにした。ちなみに「ガラケー」の「ガラ」はガラパゴスに由来し、「独自の進化をとげたがちょっと古いかな？　あるいは他からズレてるかな？」という意味で使われている。

ダーウィンは『種の起原』において、世代交代の中で生存闘争や自然選択が働くということを述べた。ちなみにこの書の翻訳は「原」が用いられている。起源のゲンはサンズイがついているが、ここでは原である。これはおかしなことではない。原は原風景や原野のゲンであることからわかるように、「もと」という意味をもった漢字なのだから。

なおダーウィンは自身の考えを広く公表することをためらっていた。なぜなら、人が動物から進化したとするならば、神が（人類の起源である）アダムとイブを創ったというキリスト教の教え（聖書創世記）と対立してしまうからである。

天地創造（紀元前四〇〇四年）に始まったというキリスト教的世界観をこえて地球の歴史を検討しようという雰囲気がでてきたのはやっとこの時代になってからだとはいえ、ダーウィンの懸念を笑い飛ばすことは簡単ではなかった。実際のところ二〇世紀末、時のローマ法王ヨハネ・パウロ二世がダーウィンの進化論を「すでに仮説の域を超えており、カトリックの教えと矛盾しない」と述べるまでは、進化論とキリスト教は相容れないものと考えられてきたのである。

さらに、ドイツで『民族心理学と言語学雑誌』という学術雑誌が創刊された。創刊号には「民族心理学についての入門的考え」という巻頭論文が掲載された。それによれば、人間は生まれながらに社会的存在であり、精神創造的存在であるとされ、民族心理学はこうした人間の側面を研究するものだと宣言されていた。

この頃のドイツはドイツ帝国の成立直前であり民族という概念に関心が集まっていた。二一世紀の現在では民族の定義を行うことは難しく科学的概念ではないとされることが多いのだが、当時のドイツでは同一言語を話し同じ習慣をもつ人々に関心が集まっていたのである。

本書ではドイツという国があるかのように記してきたが、そもそも、ドイツ帝国（帝政ドイツ）の成立という形で国家の形が整ったのは一八七〇年代のことなのである。そこで、ドイツの人々は民族ということに敏感であり、今であれば文化事象と呼ぶようなことを民族という言葉で表現していた。そして近代心理学の立役者であるドイツのヴントもまたこの学術雑誌の熱心な読者だったとされている。

†一八七九——ヴントと心理学実験室の整備

臨床心理学の前史のハイライトは近代心理学の成立であり、やっとここまでたどり着いた。

ある一つの学問がいきなりある年にある場所で産まれるということはありえないのだが、象徴的な出来事として語られることはある。近代心理学の成立に関して言えば、一八七九年、ドイツ・ライプツィヒ大学に心理学実験室が設立されたことがその出来事にあたる。

ここで、実験室の設立とは建物や部屋として実験室を建設したということではない。心理学に実験という方法を取り入れることで新しい知識の産出が可能になり、その新しい知識を体系的に訓練することが可能になったという「システムの完成」こそが心理学実験室設立の意味なのである。その立役者はヴント（一八三二－一九二〇）である。

ヴントは当然ながら心理学を体系的に学んでいない。医学の訓練を受けるなかで生理学の実験手法を学び、また、哲学の一部としての論理学、心理学、倫理学を学んでいた。彼が医学部を卒業した一九世紀の半ば頃には学問としての心理学への関心はかなり高まっており、ヴント自身も「心理学」「自然科学からみた心理学」「生理学的心理学」「心理学――精神疾患をふくむ」という講義を大学で行ったり、『感覚知覚理論への貢献』『人間と動物の心についての講義』『生理学的心理学綱要』という著書を出版したりしていた。

ヴントの心理学研究の対象は意識であった。どのようにすれば意識の実験研究ができるのだろうか。かつてカント（本章第2節）が「心理学は科学になれない」と主張した理由の一つは「実験ができない」ということであったことを思い起こすなら、実験を取り入れることは心理学の科学化にとっては極めて重要なことであったと言える。

ヴントは従来の心理学の系譜をひく内観心理学に実験生理学の手法を取り入れた。音を聴いたとき、意識はどう働くのか、ということを研究しようとするとき、音を出すことを「刺激提示」と言うのだが、その刺激提示を体系的に行うことで、内観という他者には分からない意識の働きを捉えることができるとしたのが、ヴントの実験心理学の意義である。そして、実験研究を行うことで知識も増大していった。『生理学的心理学綱要』（初版は五部構成）は、第四版以降は六部構成となりページ数も初版の三倍弱となった。

そして、ヴントのもとで学ぶことによって博士号を取得できるシステムもライプツィヒ大学の心理学実験室の価値を高めた。アメリカにおいて高等教育を行う大学が相次いで設立されており、その教授・准教授職を得るためにドイツで得た博士号が極めて有効だったからである。

ヴィルヘルム・ヴント

本書の主人公の一人であるアメリカのウィトマー（本章第4節）も教員という社会人経験のあとに新興の学問である心理学に魅せられドイツのヴントの元で学んで帰ってきて臨床心理学を打ち立てたのであるから、ヴントの功績は大きい。人材を養成したということでもヴントは実験だけで心理学を完結させることはなく民族心理学も重視していた。晩年に刊行した『民族心理学』全一〇巻においては、言語、法律、社会、歴史、文化慣習、宗教、神話といった分野が扱われていた。

どのようなことでもそうだが、誰か（初代）が何かを始めたとして、それを引き継いだ二代目三代目が永続のための努力（制度化）をしなければ、長続きしない。始めることは確かに重要だが、引き継いで次に渡す人の働きもまた重要である。心理学においてその役割を担ったのが、ティチナーであった。

イギリス人のティチナー（一八六七‐一九二七）はドイツに留学しヴントのもとで博士号を取得したあとにアメリカのコーネル大学に心理学実験室を開設した。彼は当時の心理学の主題である意識を単純な要素に分解すること、そしてその要素の連合法則を見出すことを重視しておりその心理学は構成心理学と呼ばれる。

そしてティチナーは、心理学の初学者のために実験という手法を学ぶカリキュラムを提案した。ヴントたちが体系化した心理学における実験研究のやり方をまとめたものであり、現在の日本をはじめ多くの国で行われている「基礎実験」や「実験実習」のひな形を作ったのである。日本の国家資格・公認心理師でも、日本心理学会の認定心理士でも、実験実習を行っていなければその資格が与えられないことからも分かるとおり、心理学という学範（ディシプリン）を学ぶことの根幹には実験という手法の習得が位置づけられている。

†アメリカにおける心理学の発展——ヘヴン・ジェームズ・ホール

ここでヴントと同時代のアメリカにおける心理学の様子について見ておこう。

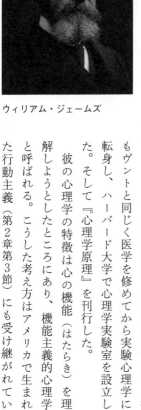

一九世紀のアメリカではイギリスの影響もあってか心理学ではなく精神哲学が大学で教えられており、著書もいくつか出版された。ヘヴンによる『知・情・意を含む精神哲学』という書籍もその一つであり、これはのちに日本で『心理学』というタイトルの本として訳されることになる。

ウィリアム・ジェームズ

アメリカ心理学の立役者はウィリアム・ジェームズ（一八四二－一九一〇）である。彼もヴントと同じく医学を修めてから実験心理学に転身し、ハーバード大学で心理学実験室を設立した。そして『心理学原理』を刊行した。

彼の心理学の特徴は心の機能（はたらき）を理解しようとしたところにあり、機能主義的心理学と呼ばれる。こうした考え方はアメリカで生まれた行動主義（第2章第3節）にも受け継がれていく。ただし、ライプツィヒ大学の心理学実験室ほどには体系的なカリキュラム提供を行っておらず研究者を育てる水準には達していなかった。

ジェームズの業績のうち「悲しいから泣くのではなく、泣くから悲しい」として知られる情動の末梢神経説は現在でも有名である。ただし同時期にデンマークのランゲによっても同様のことが主張されたため「情動のジェームズ－ランゲ説」と呼ばれている。

彼はまた、自己を純粋自己と経験自己に分けた理論でも有名である。前者は「I」であり、純粋自己たる「I」によって知られる自己の側面が経験的自己であり「me」である。「I」は主体としての自己、「me」は客体としての自己、と理解されている。ジェームズはこのほかにも習慣の重要性を説いたことでも有名であるが、その後は哲学に関心を移しプラグマティズムの提唱者としても知られることになる。

そのジェームズのもとで学んで博士号を得たのがホール（一八四四－一九二四）である。もともとヴントの『生理学的心理学綱要』を学んで心理学に興味をもったホールは、ライプツィヒ大学の心理学実験室でヴントの教えを受けた。

帰国後の彼はジョンズ・ホプキンス大学で心理学を講じることになり、日本人として初めて心理学教授となる元良《もとら》勇次郎《ゆうじろう》（第6章第1節）の指導も行った。

ホールはダーウィンの進化論の影響を受け、発達という現象に興味をもった。一九世紀末には児童研究運動を主導し、親や教師が子どもを観察することで発達の様子を捉えようと試みた。

このほか、青年期や老年期に関しても興味を持ち著書も発行した。クラーク大学に学長として異動してからは精神分析の主唱者フロイト（第2章第1節）をアメリカに招いて精神分析がアメリカに定着して発展するきっかけをつくることになる。

このようにして、心理学が近代化しそれがアメリカにも定着し始めることになった。そこにウィトマーが現れて臨床心理学を提唱することになる。

4　ウィトマーと心理学クリニック

†ウィトマーと研究

ウィトマー（一八六七－一九五六）はペンシルベニア州に生まれた。彼が生まれた頃は日本だと封建制度が終わる時期にあたるが、アメリカでは激しい内戦・南北戦争直後ということになる。

　最大の激戦地であり第一六代アメリカ合衆国大統領リンカーンの演説で知られるゲティスバーグは同じペンシルベニア州にあり、幼少期のウィトマーはこうした余韻《よいん》のなかで育った。この頃のアメリカは確かに戦後の混乱もあったがそれ以上に移民の増大や都市への人口集中があり、学校教育に様々な問題が押し寄せていた時期でもあった。

　ペンシルベニア大学を卒業したウィトマーは中等学校の教師をしたあとで政治学の博士号を取得するために同大学の大学院に進学した。そこで心理学者キャテル（一八六〇－一九四四）に出会い、彼のもとで助手を務めることになり、専攻を実験心理学に変更した。

　このキャテルはアメリカ人としてははじめてドイツのヴントのもとで学びアメリカで心理学実験室を設立したりアメリカ心理学会の初代会長になったりするなど心理学の定着に力を尽くした人である。その関心は個人差にあり、Mental Test（直訳：精神検査）という考え方によって知的な個人差を把握する努力を始めたのもキャテルであった。

　ウィトマーは大学院で心理学を専攻しながらも中等学校で教師をしていたのだが、そこに英語の成績が著しく劣っている生徒がいた。単語の語尾が切り落とされて書かれるため、現在形と過去形、単数形と複数形、形容詞と副詞の区別がつかなかったのである。

その彼に個人指導をすることになったところ、言語性難聴が原因で、聞き取りができずそれ故に書くこともできないということを発見することになった。そこでウィトマーは聞き取りや発音に力を入れて指導したところ、学力の改善も見られたという。こうしてウィトマーは学習の遅れの問題に関心をもったのである。

その後のウィトマーはライプツィヒ大学に留学し、ヴント実験美学に関するテーマを与えられて上意下達的な雰囲気に辟易《へきえき》しながらも、博士号を取得することになる。同時期に留学していたティチナーとは懇意になり後々まで交流が続いた。実験を終えたあとにアメリカに帰国していたウィトマーはペンシルベニア大学で講師となり実験心理学を中心とした研究と教育に邁進した。そして、学習の遅れの問題に再び向き合うことになるのである。

ライトナー・ウィトマー
(https://www.psych.upenn.edu/history/witmer.jpg より)

†場所としての心理学クリニック

ウィトマーは、公立学校の教師向けに児童心理学のコースを開講した。そこに参加していた一人の女性教師が、字を読むことが困難な一四歳男児のケースをウィトマーに話したところ、ウィトマーはその男児について様々な検討を行い、その原因が視覚障害にあると考えて矯正するメガネを与えることで解決に導いた。その後もウィトマーは同様のケース検討を行い一八九六年には最低でも二三の事例検討が行われたとされている。

この年をもってペンシルベニア大学には心理学クリニックが実質的に開設されたと言えるであろう。そしてこのことは、心理学の訓練を受けた者が臨床的な問題に体系的に取り組んだという意味で臨床心理学の始まりとして理解することができるのである。

なお、ウィトマーは自身の臨床経験に基づきアメリカ心理学会のボストン集会において、「心理学における実践的な仕事の組織化」という発表を行った。彼の主張は以下のようなものであった。

。統計的手法と臨床的手法を相補的に用いて、子どもの発達（特にその遅れ）の現象を調査する。

。心理学クリニックは病児学級の機能を持つ学校と共に、遅延や欠陥に苦しむ子どもの治療にあたる。

◦教育・医療・ソーシャルワークに従事している人達に、正常及び遅れのある子どもを観察したり訓練する実習を提供する。

◦心理学の専門家という新しい職業のための学生を育成する。

最後の項目についてウィトマーは、「心理学の専門家」が、学校制度において知的に遅れた子どもの検査や治療にかかわることを重視していた。これは学校現場において医学実践と関連する心理学的な専門職を作っていくことだと彼は考えていた。ウィトマーは心理学を専攻する学生たちのキャリア（職業的人生径路）を意識した最初期の心理学者の一人である。

ウィトマーの心理学クリニック（1923年頃。https://www.psych.upenn.edu/history/witmertext.htm より）

彼のこうした主張は当時のアメリカ心理学会員にはあまり理解されなかったようであるが、ウィトマーはくじけることなく活動を続けた。ペンシルベニア大学では、夏休みを利用して四週間の実践的な児童心理学のコースを行うことができていた。このコースは教員向けであったが、同時に子どもたちへの訓練コースも設けられていた。参加した子どもたちは、どもりなどの言語障害、つづりの悪さなどの筆記障害、そして運動障害を克服するために適切な指導を受けつつ訓練に励むことになった。こうした取り組みは一定の評価をうけ、こうしたコースが様々な施設や機関で行われることになった。

また、ウィトマーは大学院(博士課程)の学生たちを育てることにも力を尽くしていた。女性には博士号を出さない大学もあるなかで、二〇世紀初頭にはマクレグに博士号を授与した。彼女はアメリカで博士号を得た女性としても最初期の一人であった。

†雑誌としての心理学クリニック

地道な実践と必要な訓練を提供してきたウィトマーは、二〇世紀初頭に学術雑誌『心理学クリニック The Psychological Clinic』を創刊した(https://www.ncbi.nlm.nih.gov/pmc/journals/2446/)。なお、英語の clinic の語源であるギリシャ語の κλίνη とは、もともと人がその上に横たわるものを意味した。つまり寝台、ベッドである。

彼は巻頭論文で、クリニカル clinical という語を自分が選んだ理由について、clinical を、場所を示すために選んだのではない、方法を示すために選んだのだ、と述べている。

ではどのような方法なのか？　それは、目の前にいる子どもや患者のありようを重視することである。その反対の態度は、本の知識を闇雲に適用しようとしたり、実験データに基づく知識を実践の場に適用しようとすることである。

臨床心理学は、哲学的思索に由来する心理学的・教育学的原理への異議申し立てであり、実験室の結果を教室の子どもたちに直接に適用しようとする心理学への異議申し立てである。

（Witmer, 1907. 筆者訳）

もちろんウィトマーは、科学的な知識を創ることに反対していたわけではない。ある一人の子どもの状態改善が実現したとするなら、そこに働いた因果関係を明らかにして、同じような苦しみをもつ子どもの状態改善に必要な知識を創るべきだとしているのである。彼において基礎と応用の区別はないし、ましてや基礎が応用に勝るという発想もない。実践から創られた知識が理論として発展し、多くの実践に役立つことを構想していたといえるのである。さらには、遅れがある子どもの為の理論が、そうした遅れのない子どもの成長支援に役立つのではないか、とも考えていた。

純粋科学と応用科学は一つの最前線をもって進んでいく。どちらかを遅らせるものがあればそれは他方も遅らせる。どちらかを進めるものは他方も進める。（同前）

ウィトマーは基礎科学ではなく純粋科学と言っているが、基礎と応用が心理学の両輪であるという意識を持っていたことがわかる。

なお、ウィトマーが対象とした子どもには当時で言うところの精神薄弱児は含まれていなかった。彼は精神薄弱が脳に起因すると考えていたため治癒不可能であり、自身が行う仕事とはみなしていなかったのである。身体的欠陥や精神的欠陥により学業不振をきたした子どもたちへの支援、またその支援を試みる教師やソーシャルワーカー達への訓練や支援がウィトマーの目的だったと言える。

ウィトマーはクリニックを設立してから六〇年後、心臓疾患のため八九歳で死去した。

†一八九六年頃の出来事

本書では、臨床心理学の成立は一九世紀の末の出来事だとしており、その中心となる出

表1　ウィトマーの生涯

1867	アメリカ・ペンシルベニア州に生まれる
1891	ドイツに留学（ヴントのもとで研究し博士号を得る）
1892	ペンシルベニア大学講師となる
1896	心理学クリニックが始まる
1907	学術誌『心理学クリニック』創刊
1945	『心理学クリニック』終刊
1956	死去

来事としてウィトマーのクリニック設立を取り上げている。ただし、この一つの出来事だけが突如として臨床心理学を発生させたのではなく、実に様々な出来事が同時多発的に起きていた。

まず何よりも、精神分析の創始者であるオーストリアのフロイトがブロイアーと共に共著書『ヒステリー研究』を出版したのがほぼ同時であった（第2章第1節）。近代心理学の整備状況が遅れていたイギリスでは、精神科医のモーズレーが『心の病理学』を出版したのもその頃であった。フランスで『臨床心理学・心理療法雑誌』という雑誌が発刊されたのもその頃であった。そして、ドイツでは精神医学者クレペリンが学術誌『心理学研究』を発刊しさらに『精神医学における心理学的実験』という書物を出版したのもその頃であった。

クレペリン（一八五六－一九二六）は定評のある『精神医学教科書』を刊行し、早発性痴呆（現在の統合失調症）や躁

エミール・クレペリン

鬱病（双極性障害）を一つの疾患単位と見なす分類体系を提唱し、現在までその影響は及んでいる。

彼は、精神医学を学んだあとライプツィヒ大学のヴントのもとで実験心理学を学んでいた。加算や単語学習などの比較的単純な心理学的な課題を精神病者に行わせることによってその特徴を理解できると考えるようになっていたのである。

現在の日本で行われている通称「クレペリン検査」は彼の考えをもとに日本で開発されたものである。なお、クレペリンの考え方は精神病の原因を理解するというよりは症状の記述を重視したもので、ＤＳＭなど操作的診断基準（第4章第2節）の考え方の基礎になっている。

以上のように、ウィトマーが心理学クリニックを始めた一八九六年頃にはアメリカだけでなくヨーロッパで様々な活動が行われていた。だからこそ、ウィトマーが近代心理学の流れのなかで臨床心理学という活動を始めたことが、多くの人の関心を集め、のちに大きな分野となっていったのである。また、その人材育成のために、心理学に基づく訓練方法も工夫されるようになっていった。この意味において、やはりウィトマーこそが臨床心理学の父と呼ばれるのにふさわしい。

第2章以降では、こうして始まった臨床心理学の歩みや臨床心理学に合流する諸活動の歩みについてみていくことになる。

第2章
成立後の臨床心理学

一九世紀後半に心理学が成立したことを受けて一九世紀末に成立した臨床心理学。心理学や臨床心理学に大きな影響を与えた一九世紀後半以降の出来事を記述する。精神分析・行動主義・ゲシュタルト心理学である。

このうち、精神分析と行動主義は臨床心理学に大きな影響を与えた。また知能検査の開発は、新しい人間理解の方法として今日に及ぶまで心理学と社会に大きな影響を与えることになった。

1　生後の環境を重視する精神分析の誕生

†フロイトの考え方とアメリカでの受容まで

ジークムント・フロイト（一八五六－一九三九）によって創案された精神分析は、臨床心理学に大きな影響を与えた。また、その思想は芸術や文化にも広く影響を与えたことから、二〇世紀の最大の思想家の一人とされることもある。

フロイトは医学部に入学し教授職を目指したもののユダヤ人ではそれが難しい状況があ

り、臨床医師の道を選び催眠に関心をもちフランスのシャルコー（第1章第2節）の元に留学した。帰国後に診療所を開設して開業した（最晩年はイギリスに亡命した）。

そしてすでに知己を得ていた先輩医師のブロイアーが催眠を用いて治療していたアンナ・Oの症例をもとに共著で『ヒステリー研究』を出版したが、フロイト自身は催眠よりも自由連想法のほうが有効ではないかと考えるようになり、自らの考えを精神分析と称するようになった。

フロイトは父の死に臨んで自らの神経症の症状が悪化したことから自己分析を行った。自身の夢を分析したところ「母を愛し父を憎む」感情が見出されることになり、これはギリシャ悲劇『エディプス王』のモチーフと同じであることを悟った。そして、人には「エディプス・コンプレックス」という複雑で心理的な態度・感情があるとしたのである。過度の一般化だと言いたいところだが、当時としては理解不能なくらい画期的な考え方であった。

ジークムント・フロイト

さらにフロイトは夢を分析することの利点は

自我の働きが弱まり無意識の願望を見出しやすいことであるとして、夢分析を提唱することになる。とはいえ、夢には本当の意図や動機が歪曲／隠蔽されていることもあるから、夢を解釈するプロセスが必要となる。彼が出版した本『Traumdeutung』は日本語で『夢分析』と訳されたり『夢解釈』と訳されたりして混乱するが、どちらの訳も一面の真実を突いている。

フロイトの精神分析は、症状発生の原理探究（精神病理学的側面）とその治療（精神療法的側面）、個人の差異を心的構造に求める理論（性格心理学的側面）とその発達過程の理解（発達心理学的側面）を持ち合わせていた。そしてフロイトは心的構造として、意識・前意識・無意識があるという局所論を唱えていたことから、意識を重視するヴントの近代心理学と対比されることにもなった。

フロイト理論の根幹には心的決定論と汎性欲説があった。前者は、心的出来事は必ず心的な原因によって決定されているとするものであり、後者は人間のエネルギーの源は性的なもの（リビドー）であるとするものである。

このフロイトの理論や実践はその初期においては荒唐無稽な説であるとしてあまり理解されなかったものの、やがて理解者を得て大きな発展を見せることになる。その一方で関

カール・グスタフ・ユング

アルフレッド・アドラー

心を寄せたものがのちに離れていくというようなことも多く見られた（アドラーやユング）。

フロイトが創始した精神分析は、徐々に賛同者が増え始め有力なサークルが形成されるようになった。ウィーンで毎週水曜に会合をもつことから「水曜心理学会」と呼ばれるようになったサークルの会長となったのが、アドラー（一八七〇－一九三七）である。

彼は劣等感とその補償を重視して、フロイトの考えの根本である性的なエネルギー（リビドー）という考え方を受け入れなかったため、すぐにフロイトとは袂《たもと》を分かち、個人心理学という考え方を発展させた。アドラー自身は身体的に弱く、自身も劣等感に苛《さいな》まれていた面もある。さらに彼は教育改革に携わる中で子どもの問題が家族と関係していることに関心を持ち、ウィーンで児童相談所を組織するに至った。

スイスのユング（一八七五－一九六一）は精神科医として精神病院で臨床活動を行うだけでなく、言語連想実験の研究を行い、コンプレックスという概念を提唱するなど、目立つ存在の若手研究者であった。彼の言語連想の実験はのちに、供述の虚偽検出（ポリグラフ。いわゆるウソ発見）の基本的な考え方を提供することになる。博士論文は「オカルト現象と呼ばれるものの心理学と病理学」であった。その彼が精神分析に関心をもちサークルに加わると、（ユダヤ人ではなく）アーリア人であるというその出自にも期待がもたれた。

さてフロイトは、アメリカ・クラーク大学の学長で心理学者のホール（第1章第3節）から招待されて、五日間にわたって精神分析を紹介する講演を行うことになった。この講演は大きな評判を呼び、アメリカで精神分析や、その基本となる精神力動という考え方が定着するきっかけとなった。

フロイトとユングは大西洋横断中の客船上でお互いの夢分析を行ったりしていたが、皮肉にもこれによりお互いの考えの違いが明らかになっていった。ユングもアドラーと同じく、リビドーという性的なエネルギーを重視する考え方には賛同できなかったのである。

ユングは主に統合失調症圏の患者を治療しており、彼らが語るイメージが類似していることから着想を得て集合的無意識という考え方を唱えることになる。またイメージを語らしめるような力動を「元型」とした。元型にはアニムスとアニマ、太母と老賢者などがある。ユングはまた、性格の類型論の提唱者としても知られている。面白いことにユングは、フロイトとアドラーの二人の性格の違いから類型論を構想したという（第3章第3節）。

ちなみに、ディカプリオ主演の映画で知られる大西洋横断中の豪華客船タイタニック号の沈没事件は、フロイトとユングが大西洋を横断していたときとほぼ同時代のことである。

†フロイトを受け入れたアメリカの文脈——精神衛生・臨床心理学

二〇世紀初頭のアメリカという国は、二一世紀のような地位を確立していなかった。そもそも建国（イギリスからの独立）は一八世紀後半のことであったから、国としても若い時期であった。そうしたこともあって、新しい心理学という学問にも期待を寄せていたのかもしれない。

精神分析は生後の親子関係がその後の人生の質に影響すること、行動主義（本章第3節）

は人間や動物の行動には環境の影響が大きいことをその特徴とするが、こうした学問を受け入れた理由も若い国アメリカの進取の精神によるのであろう（一方でヨーロッパでは遺伝や素質が人生の質に影響するというような考えを好んでいたようである）。

二〇世紀初頭には医師プリンスが『異常心理学雑誌』を発刊した。彼は催眠研究や多重人格に興味を持ち『失われた〈私〉をもとめて――症例ミス・ビーチャムの多重人格』で知られる。のちに米国精神病理学会を創設した。

その一方で患者側からの告発や問題提起も行われた。ビアーズは躁鬱病のエピソードで入院を余儀なくされていたが、そのときの様々な（時に不快な）経験を患者側から発信しようと考えた。ジェームズなどの支援をえて退院後に『わが魂に出会うまで』を発刊した。

これを受けてアメリカでは精神衛生協会が発足した。発起人は患者家族としてのビアーズの父と兄に加え教会、学校、病院の関係者、判事や弁護士、医学、精神医学の専門家など多彩なメンバーであった。この運動はやがて国際的に広がっていった。

同じ頃、アメリカ・ボストンに職業指導室を開設したのがパーソンズである。生活困窮地域の人々への支援（セツルメント活動）をしていた彼は、若者が職につくことが人生を構築するために重要と考えていたが、与えられた仕事をするというよりも、自身で選択した仕事に従事することが望ましいと考え職業ガイダンスという理念のもと職業指導室を開設した。より良い仕事選びのためには、①適性・能力・興味など自身の理解、②様々な職業の理解、③この二つに基づく合理的推論、が重要であり、①と③には心理学によるガイダンスが重要となった。

さらに、少年非行を素質の問題とするのではなく、精神医学と心理学を導入することで、安易な原因論ではなく少年の置かれた状況などを理解して支援すべきだという考え方も表れた。診断と治療ではなく、カウンセリングやガイダンスが必要だという認識が育まれていったのである。

アメリカで精神分析が根を下ろし、また、精神医学と心理学が融合的な協力関係を構築できたのには、マイヤーという精神医学教授の果たした役割も大きかった。彼はフロイトのアメリカ講演に参加してその考えのうち自我構造に関して関心を示し、自我の葛藤（力動）を前提とする力動精神医学という潮流を作った（一方で、無意識の考え方は取り入れなかった）。ジョンズ・ホプキンス大学で寄附を得て精神医学クリニックを開設したときにはその心理学担当者として（のちに行動主義宣言で有名になる）ワトソンを招聘した。

ここでワトソン（本章第3節）は、クリニックと隣接する病院棟から新生児（とその親）

の参加を得て、情動の条件づけに関する実験を行うことになる。マイヤーの考えはのちのBPS（生物・心理・社会）モデルの先駆けであるともされている。人間を生物学的、心理学的、社会学的な視点から捉えており、精神障害については、環境に対する個人の反応（不適応反応）であると捉えていたからである。

†精神分析のひろがり――学派の形成と対立

フロイトの精神分析はその考え方が一九世紀の保守的な思想と合わず、初期には異端視されたが、二〇世紀になる頃に理解者が現れ始めた。ところが、初期の有力な理解者であるアドラー、ユングは性のエネルギー（リビドー）という根本的な考えに反対したことから独自の考え方を発展させることになっていった。

こうしたなか、フロイト自身が『自我とエス』を出版して自我の構造論を展開しながら精神分析を発展させたため、社会的存在としての人間という観点から精神分析に関心を持つ者が現れた。対人関係を重視したサリヴァン、対人関係と不安という視点を持っていて、フロイトの性的欲動論、特に女性の理解について批判を行ったホーナイ、そしてフロムなどである。

フロム（一九〇〇－一九八〇）はドイツ生まれで、精神分析に加わっていたがドイツのナチス政策の影響を受けアメリカに亡命した。ドイツのナチズム、イタリアのファシズムが力を得ていく過程を精神分析の概念を援用しながら解き明かしたのが『自由からの逃走』である。第一次世界大戦前に出版された本であるが、自由を放棄することが神経症症状に類比するという考え方は後々まで大きな影響を与えた。

医師であるフロイトが創始した精神分析は、生理学的・解剖学的な基盤が必ずしも必要なく、その意味で心理学と近づいていくのは当然のことであり、非医師が精神分析を行うことも増えていった。医業／医学の枠内であれば他の多くの職業と同じように、専門職が次代を訓練するシステムが作られていたが、非医師が精神分析的な心理療法を行うとするなら、その訓練をどこでどのように行うのか、ということにも関心が向いていった。

初期の非医師精神分析家（以下、レイアナリスト）の一人がランク（一八八四－一九三九）である。神経症の原因が「出生時の心的外傷体験」であるという学説を唱えたことで後には破門の扱いを受ける彼は、セラピストとクライエントの関係に関心をもっており、患者（patient）に代えてお客様（client＝クライエント）という語を用い始めた（ただし、体系的に広めたのはロジャーズである）。

アンナ・フロイトと父ジークムント

フロイトの娘アンナ・フロイト（一八九五－一九八二）もレイアナリストである。アンナは自我心理学を発展させ、児童を対象にする心理療法を展開した。また防衛機制の理論化にも尽くした。

こうした状況のもと、精神分析を学ぶ人たちは、訓練方法を整えていった。精神分析においては、自身が他の精神分析家に分析を受けることが専門家になることの必須な過程（プロセス）であると認識されており、それは教育分析と呼ばれている。また、専門家となってからも、より指導的な立場にある専門家から実践指導を受けることが推奨され、それはスーパービジョンと呼ばれる。スーパービジョンはソーシャルワーカーの訓練課程にも導入されることになった。

†フロイトが臨床心理学に与えた影響

フロイトの理論には賛否両論があり得る。そうであったとしても、実践や養成法が臨床心理学に与えた影響も大きい。症例報告、転移、訓練（養成）方法、がそれである。

まず、症例報告は必ずしもフロイトの専売特許ではないが、詳細な症例の描写を原因論と結びつけるスタイルは臨床心理学の一つのスタイルとして定着した。

次に、転移は『ヒステリー研究』で見出されたもので、狭い意味では、治療を受けている患者が本当なら他者に向けるべき感情を目の前にいる医師に向けることを指している。そうして向けられた転移感情に対して医師が反応して患者に何らかの感情を向けた場合には逆転移という。日常生活でぶつけあう／ぶつかりあう感情とは異なり、治療という枠組みの中でぶつけあう／ぶつかりあう感情交流についての理論は、対人コミュニケーションを前提とする臨床心理学の実践に欠かせない視点となった。

最後に訓練方法であるが、実績のある先行者の指導を受けながら自身を分析すること（教育分析）ならびに自身が担当するケースに対するアドバイスを受けること（スーパーバイズ）という方法を定式化した。一種の徒弟制度と言えないこともないが、臨床心理実践に関する専門職としての次世代育成方法の一つのあり方を示したことは事実である。

こうした特徴をもつ精神分析は、二〇世紀前半という時期においてはこの領域に関心をもつ人たちにとっての必須通過点になった。見通しをもって訓練を受けることができるため、広い意味での臨床心理実践に関心をもつ者たちが精神分析の門を叩いたのである。

離反する者も一定数いたが、それらの人たちの中から自分なりの臨床実践を確立した人が多く現れたことからわかるように、精神分析が整備した体系的な訓練に身を投じて得るものが多かったからこそ（反面教師的なものも含めて）、のちに自分なりの姿勢を確立することができたのだとも言える。離反した者が多いことをもってフロイトの考えや姿勢が間違っていたということにはあたらない。

2　子どもの状態を実際に把握する知能検査の誕生

†個性や個人差の把握と心理学

およそ個性や個人差は人に備わっているものであり、どのような国のどのような時代にも存在したと考えられるが、個性や個人差を体系的・系統的に捉えようとする試みは近代的なものでしかない。古代ギリシャにおいてテオプラストスが『人さまざま』を出版しているが、ここで言う「人」は当時の市民のことであり、奴隷などを含むすべての人間について考察したものではなかった。

古代ギリシャのような例外を除けば近世まで個人差は存在しない。日本の例でいうと、江戸時代は身分制度がしっかりしていて、進路選択の自由はほとんどなかった。確かに日本は教育熱心な国であったものの、江戸時代を見てみれば、支配階級の男子だけが藩校で学び、庶民の子どもは寺子屋で学ぶ、といった具合で二つのシステムが交わることは決してなかった。また、教えている内容ができれば次に進めるという修得主義であったから、教科の出来映えの差は確かに可視化されていたが、能力のような概念で説明する必要はなかったし、（成績の個人差を見ていればよかったので）能力の個人差を把握する必要はなかった。個性や個人差の把握は近代的な営みなのであり、その把握方法を整備したのが心理学者だった。あるいは、この営みを担ったものが心理学を作り上げていった。

個人差や個性を心理学的に把握する営みはどのように行われていたのだろうか。

まず、オーストリアの解剖学者ガル（一七五八－一八二八）による骨相学である。頭蓋の特定の部位と特定の心理能力が関連するという考えで、一九世紀には一般的な人気を博した。脳の機能分化の研究を行い、言語を主に司る部位を同定したブローカも脳の大きさそのものと心理的な能力の関係を研究し、頭蓋測定学と呼ばれた。

フランツ・ヨーゼフ・ガル

当時は人間が生きたまま脳そのものの大きさを測ることは難しかったから、死んだあとに脳を取り出して重さを量ったり、すでに死んでいた人については、（墓を掘り起こして？）頭蓋骨の大きさから脳の大きさを推定していたりした。その基本仮説は脳が大きいほど優秀というものであったから、死んだあとに脳が小さかった人は「あの人は実は優秀じゃなかったんだ」と判定されるなど本末転倒のことも起きていた。

心理学的に個人差を研究し始めたのはアメリカのキャテルであった（第1章第4節）。彼はヴントのもとで博士号を取得したが、個人差を研究しようとしたら「それはアメリカ的だ」とさげすまれたというエピソードが伝えられている。彼はその後、感覚の鋭敏さなどの実験を組み合わせることで知能を測定しようと試み、それを「Mental Test（直訳すると精神検査）」と称した。

この試みは残念ながらうまくいかなかった。彼のメンタルテストの項目は感覚判断の鋭さのようなものを捉えているが、こうしたデータを組み合わせても「頭の良さ」のようなものとは関連しなかったのである。

†フランスにおける公教育

学校を舞台に、身体的・心理的障害をもつ子どもたちの学習を支えるためのクリニックを作ったウィトマー（第1章第4節）、精神障害には至らない神経症圏の不調を治療するための体系を作ったフロイト（第2章第1節）に続いて、知的障害の程度を把握するための検査システムを作り上げたのがフランスのアルフレッド・ビネ（一八五七－一九一一）である。

アルフレッド・ビネ

ビネは法学部を卒業したあと心理学的なことに関心を移し、シャルコーのいたサルペトリエール精神病院で催眠術とヒステリー研究に取り組んだこともあった。多重人格を研究し『人格の交代』という本を出版した。それまで宗教的呪術的な文脈で語られていたフェティシュ（物神崇拝とも訳される）を性心理学的に研究する意義を認め、衣服や靴などに性的魅力を感じる現象を「フェティシズム」と呼ぶように提唱した（その関心はフロイトに引き継がれることになる）。

フランスでは一九世紀前半にセガンが現れ、白痴（idiot）と呼ばれていた知的障害児の教育に従事した。彼がアメリカに移住したことから、アメリカでも知的障害児の教育の整備がなされるようになっていった。同じ頃、イギリスの医師ダウンが、今日ダウン症児として知られる子どもたちを分類しその支援が必要だと唱えた。こうした時代背景のもと、近代心理学が成立し、心理学という学範（ディシプリン）がこの領域に関与することになったのである。

話をフランスに戻すと、フランスでは全員が同じような初等教育を受ける仕組みを整え、同年齢の子どもを一斉に教育していた。すると学習進度の問題が起きることになる。そして学習進度の遅く一斉授業についていけない子どもが、怠学なのか、遅滞なのか、その他の理由によるのか、を知る必要がでてきた。

単にサボっているだけなら、叱咤激励やアメとムチによる指導が有効であろうし、ヤングケアラーのような状態に置かれているとか、父母の仲が悪いとかで、自分の勉強どころではない、ということであれば、環境改善が急務となる。そして、生得的に知的な障害があるとするなら、そうした特性に応じた教育が必要になるだろう。最後の類型について、それを弁別（分類）できる方法があるのであれば、それは便利であり子どもの教育のためにも有効であるが、二〇世紀初頭においてそうした手段は存在しなかった。

†ビネの知能検査

そこでビネは医学生シモンの協力を得て子どもの知的状態の姿を捉える検査を構成しようと試み、三〇項目からなる検査を作成した。二〇世紀初頭のことであった。ビネが工夫したことは以下の三つである。

第一に、子ども自身の反応を重視したこと。母親に子どもの様子を尋ねるのではなく、検査する人が子どもと向き合って子どもの反応を収集して判断することが重要だとした。

ビネは以下のように言っている。

> めざしていることとは、子どもを眼前に置き、子どもの知能の測定基準を作成し、子どもが正常児であるか知的遅滞児であるかを調べることです。このためには、もっぱら、子どもの現在の状態だけを研究しなければならない。

（ビネ&シモン『知能の発達と評価』中野善達＋大沢正子訳、一九八二）

第二に、知能を単純なものではなく複雑なものだと仮定したこと。知能は、注意力、理解力、判断力、推理などの総体であり、それを把握する検査を作ろうとした。

第三に、知的レベルの基準として子どもの年齢を使用することを思いついたこと。これはビネに二人の娘がいたことと無関係ではないだろう。年齢によって知性が異なる段階にあるということは今でこそ常識だが、ビネ以前にはこのようなことを考えた人はいなかったのである。

どういうことかというと、知性は「子ども」という大きな分類の個性のように捉えられていたということなのである。ビネは平均的な三歳児が行えることは「三歳児レベル」、平均的な四歳児が行えることは「四歳児レベル」というように基準を作ったうえで、個々の子どもの検査を行い、目の前の子どもが「標準的には何歳レベルなのか」を捉えようとしたのである。

仮に七歳の子どもが目の前にいるとして、それが標準的な七歳の子と同じであれば良いのだが、標準的な五歳の子どもと同じようなパフォーマンスしか示さないのであれば心配になる。ビネは標準的な子どもたちの発達を捉えたうえで、その標準とのズレを検知することで知的障害を捉えようとしたといえる。

ビネが協力者であるシモンと共に用意した三〇項目のうち三つをここで提示してみよう。

1 凝視：燃えているマッチを目の前で動かしたとき、それを目で追えるか
2 小さな木片が手に触れたとき口に持っていけるか
3 遠いところにあるものを見、その後それをつかめるか

読者の皆さんは、こうした行為を何歳の子どもならできると考えるだろうか？ これは当時のフランスにおいて二歳の子どもが標準的にできる項目であった。仮に七歳の子どもがこうしたことを行えないなら、五歳分以上の遅れがあることになる。そしてビネは二歳以上の遅れが見られるなら、それを知的な遅れと考えるべきだとしていたのである。

ビネのアイデアは多くの人に歓迎され、様々な言語に翻訳されることになった。また、このアイデアは何度か修正されていくことになるが、ビネ自身が比較的早く亡くなったため、その改定は他者によってなされることになった。この知能検査は子ども向けで一対一

の対面式検査であったが、第一次世界大戦が始まると新たな需要が生まれることになる（第2章第4節）。

†IQの光と影

今ではは知能検査というとIQ（知能指数）がすぐに思い浮かぶかもしれない。IQはアタマの良さの指標だと考えられているかもしれないが、ビネ本人がこの指標を作ったのではない。

ビネの知能検査では、実際の年齢が何歳であるかにかかわらず、検査を受けた子どもが、何歳水準にあるのか、が結果なのであり、IQは存在しなかった。そして、年齢水準において二歳以上の遅れがある場合に、知能遅滞があると判断され普通のクラスではなく特別なクラスに入って勉強する、というようなことになっただけなのである。ところが、実年齢五歳の子が二歳遅れているのと、実年齢一一歳の子が二歳遅れている、というのでは、意味が違うのではないかということも意識されるようになった。

ドイツの心理学者シュテルンが、「精神年齢－生活年齢」という引き算ではなく、「精神年齢÷生活年齢」によって結果を表現することを提案した。これが今のIQの考え方である。IQの計算は「精神年齢÷生活精神年齢」に一〇〇を掛けて表現することになっており、平均は一〇〇である。

このIQという指標を実際の知能検査に組み込んだのはアメリカのターマンである。また、陸軍で下士官を選抜するために集団式の知能検査が開発されてその結果をIQで表すことにしたところ、予想外の副作用が起きた。出身地ごとにIQを比較して、どこの出身者は賢いとか愚かだという議論がわきおこり、劣ったとされる人たちの移民を制限するようなことも起きてしまったのである（第2章第4節）。

3 行動主義という逆転の発想――行動療法の萌芽

†玄人好みの行動主義

先年亡くなった早稲田大学の春木豊先生が東京都立大学で授業をしていたときのことである。「行動主義は玄人好みの理論だ」とおっしゃっていたことを折に触れて思い出す。心理学なのに心について扱わないというのだから、素人には分かりにくい、行動主義が分かるようになれば心理学の玄人だ、というような含意があったと覚えている。

外界から刺激を受けた有機体（動物や人間）がどのような行動（反応）を行うのか、について刺激と反応の記述を行うことで、人間を理解しようというのだから、「心のない」心理学と揶揄されるのも仕方のないことかもしれない。

しかし、こうした考え方には行動の機能を見ていこうという志向性があるから、アメリカの機能主義の文脈で考えることが必要になってくる。機能主義はアメリカ心理学の父とも呼ばれるジェームズ（第1章第3節）が主導したものである。

†生理学と心理学の接点としてのパブロフの犬

行動主義はアメリカ機能主義の流れを汲んでいることは確かだが、その直接的なルーツはパブロフの条件反射学にある。パブロフ（一八四九－一九三六）はもともと生理学者であり消化腺の研究でノーベル生理学・医学賞を受賞するくらいの優れた研究者だった。しかし、受賞時の講演で取り上げたのは、（受賞理由となった研究ではなく）自身が発見した条件反射という現象についての内容であった。

つい反射的に何かをやってしまうことを「パブロフの犬」と表現することは、マンガなどでも用いられているという意味で、現在の日本で市民権を得た表現になっている。

パブロフは犬の首に手術をして管を取り付けて、何かを食べているときの唾液の分泌が常に観察できるようにした（唾液腺の研究）。ところが、唾液はエサを持ってくる飼育係の足音を聞いただけでも分泌されることに彼は気づいた。これが条件反射の発見である。

唾液は消化を助けるために分泌されるものであり、止めようと思っても止められない。非随意的な反応であり、無条件反応である（無条件反射）。

イワン・パブロフ

ところで、飼育係の足音がその音だけで唾液を分泌させることはない。ではなぜ、足音が聞こえると唾液が分泌されるのだろうか。それは足音がするとほどなく飼育係が現れエサを置いていってくれ、それを自身が食べるというプロセスがあるからであろう。つまり、無条件刺激たる食餌《しょくじ》が足音のあとに時間的に近接して提示されることによって、条件刺激としての地位を得るということが起きているのである。条件刺激によって引き起こされる反応は条件反応と呼ばれる。

このような現象それ自体はパブロフが発見する前から存在したであろうが、パブロフは独自の実験装置を使うことでそれを発見し得たのである。

また、さらに重要なことは消去の発見である。条件刺激と条件反応の結びつきは条件反射と呼ばれるが、条件刺激だけを提示し、無条件刺激を提示しないと、条件反応の生起がなくなっていく。この過程を消去と呼ぶ。先の例で言えば、一度は飼育係の足音が唾液分泌を促す機能をもったとしても、飼育係の足音が聞こえても食餌が与えられないことが続けば、やがてその機能が失われるのであり、それが消去と呼ばれるのである。

そして、このパブロフの考えを心理学に取り入れたのがワトソンである。

†ワトソンの行動主義と新行動主義の展開

実験をとりいれた近代心理学の対象は意識であった。それに対して、心理学は行動を研究すべきだ、と述べたのがアメリカのワトソン（一八七八－一九五八）である。彼はいわゆる「行動主義宣言」でその立場を明確にした。心理学は自然科学の一部門として、行動を対象として研究すべきであるという姿勢を前面に打ち出したのである。

行動主義宣言では、内観に基づき色感覚がいくつあるのかというような研究をするよりは、行動を観察対象にした研究をすることで自然科学の一分野になることができるとしている。また実験教育学、薬物の心理学、広告の心理学、法律心理学、テストの心理学などが盛んであることは、行動主義の立場が正当である証拠だとしている。そのうえで彼は人間の生活に関係する心理学に興味をもとうとしない心理学者たちを批判していたのである。

つまり、ワトソンの行動主義宣言は、内観という手続きの曖昧さを嫌って行動を対象にすべきだという面だけが強調されてきたが、行動に焦点をあてることで日常生活に近い実際的な研究をすべきだという面も含まれていたのである。そして、行動主義が発達心理学や育児に適用されると、生後の経験を重視する環境主義となる。

ジョン・ワトソン

こうした考えは当時において新興国であったアメリカの精神に合致するものであった。「健康な乳児一ダースと、育てるための詳細を決めさせてもらえるなら、誰か一人をどんな専門家――医者、弁護士、芸術家、商店主、それに乞食や泥棒にでさえも――にでも育ててみせる」というワトソンの自信はアメリカン・スピリッツに合致するものであり、彼が出版した育児書は『スポック博士の育児書』以前の代表的な育児書であった。

なお、意識ではなく行動を対象にすることは、人間に特有のメカニズムである高次精神過程（思考）などを扱わず人間と動物の共通点を扱うことにつながるから、当時のキリスト教の教えとは異なる方向に進んでいたことになる。行動主義はアメリカ心理学会に反響を巻き起こしたが、ワトソン本人は（今日では大学を辞める必要までは感じられないであろう）騒動で学「界」をはなれることを余儀なくされた。

そしてその後に、新行動主義という立場が現れた。ハル、スキナー、トールマンがその代表的な心理学者である。ここでは、臨床心理学との関係が深いアメリカのスキナーとトールマンの主張のみを扱う（ハルは催眠に関心を持っていたので、あとで出てくる）。

スキナー（一九〇四－一九九〇）は、大学で文学を学び作家になろうとしたが、自分には書くべき内容がないと悟り心理学に転身したとのことである。彼は行動をレスポンデントとオペラント（前者は受け身的、後者は自発的）行動に二分する分類法を提示したうえで、オペラント条件づけの原理や強化スケジュールについて検討を行うことになった。彼の立場は、心的概念を用いないことから徹底的行動主義とも呼ばれる。

彼は、ラットが問題箱（レバーを押すとエサが出てくるような仕組み）においてエサを得るために行う行動について研究を行った。この問題箱はのちに、スキナー箱と呼ばれることになる。

ある先行条件のもと、行動をすれば、ある結果が得られる。たとえば、赤信号で横断歩道を渡ると危ない目にあう、というような一連のプロセスも、先行条件—行動—結果で分析することができ、この流れを随伴性と呼んだ。「赤信号で横断歩道を渡ると危ない目にあう」という随伴性では、この人は次の機会には赤信号で横断歩道を渡るということはしないと予想できる。当然ながらこのような実験を実際の人でやることはできないから、動物を用いて様々な実験を行ったのである。

たとえば、賭け事（ギャンブル）にのめり込んで人生を棒に振る人がいる。そのような人は意志が弱いダメ人間なのだろうか？　そうした評価を下せば、ダメ人間に手を差し伸べる必要はないという結論になる。

スキナーによれば、ギャンブルにのめり込む人は、「たまにうまくいく」という随伴性に身を置くからそう

バラス・スキナー

なるのだという。ちょっと考えれば分かることだが、ある予想をして毎回的中したとしたら、人はそれに飽きてしまう。予想が毎回あたって配当金を受け取ることができれば、それは遊びではなく仕事になってしまう。他人はうらやましいと思うかもしれないが、仕事は苦痛なものである（パチンコで生計を立てている人＝パチプロは異なるギャンブルを趣味にもっているはずだ）。

ほとんど外れていて、たまにうまくいくからこそ、行動は維持されギャンブルに金をつぎ込んでしまうのだ、ということをスキナーは（強化スケジュールの研究から）明らかにした。行動が形成・維持される過程を分析することは、その行動が社会的に望ましくない場合には、それを除去することにつながることになる。つまり、彼は異常行動や迷信的行動がオペラント条件づけの原理に基づいて形成・維持されることを示したと言える。またスキナーは学校でわが娘の授業を見てその教育が非体系的なことに驚き、オペラント条件づけの原理（スモールステップ）に基づくティーチングマシンを開発した。

スキナーとは異なり、大きな視点をもって研究したのがトールマンである。彼は複雑な迷路にネズミをいれてエサにたどり着くまでの行動を研究した。ネズミは迷路の試行を何度も行ううちに間違いの数が減っていき、最終的にはスムーズに到達できるようになった。

彼はネズミが試行錯誤を繰り返しているのではなく、餌を食べるという目標に対する認知地図を作り上げることにより行動がスムーズになると考えた。トールマンの行動主義は目的論的行動主義と言われ、認知心理学の勃興を準備することになった。

†行動療法の萌芽――実験神経症、アルバート坊や実験、常同行動（誤った随伴性）など

世間では、学習イコール勉強することだと捉えられているが、心理学では広く行動形成のメカニズムを学習と呼ぶ。

この行動形成のメカニズムには大きく分けるとレスポンデント（古典的）条件づけとオペラント条件づけの二つがあることはすでに見たとおりだが、こうした学習のメカニズムによって、異常行動や不適応行動の形成についても一定の説明ができるようになった。そして、形成ができるなら除去もできるのだという希望的見解がうまれることになり、行動療法が誕生して、それが現在の認知行動療法へと続いていくことになる。

まず、パブロフの古典的条件づけからは、実験神経症という現象が導かれた。実験神経症とは、実験的に異常行動を引き起こすことができた、という意味である。

真円にはエサが伴うが、楕円には伴わないという分化条件づけにおいて、たとえば、直

径三センチの真円と縦三センチ横九センチの楕円を用いて、前者が提示されたときにはエサが出てきて後者のときは出てこないというような二つの条件間の分化条件づけは犬にとって容易である。ところが楕円の横の長さをどんどん縮めていくと、それは真円と区別がつかなくなる。真円以外のものを楕円と呼ぶなら、直径三センチの真円以外は定義のうえからすればすべて楕円である。縦横の長さがあまり変わらない楕円を示したときにはエサが出てこないという試行を繰り返し行うなら、犬は真円と楕円の区別がつかずに異常行動を示す。それは実験神経症と呼ばれた。

これはパブロフ研究所で行った実験において初めて見られたものである。その後、川の洪水で被害にあったパブロフ研究所の犬が神経症的になったことから、こうしたことも実験神経症と呼ばれるようになった。

なお、神経症とは、精神病圏に入るほど重篤ではない異常行動や症状のことであり、神経エネルギーの乱れが原因であると推定されたため神経症という名前がついたもので、一八世紀に提唱された考え方である。現在では診断名として用いられていない言葉だが、便利な概念であり長く使われることになった。

ある種の実験状況に置いた動物が神経症のような行動を見せることは、その原因を行動

表2　異常行動とその研究者

パブロフ	実験神経症
ワトソン	（ネガティブな）情動の条件づけ
スキナー	迷信や依存行動の（部分）強化

主義的に考える可能性を拓き、その解決法を考えるための見通しを与えることになった。ここで主な異常行動とその主たる研究者を整理すると表2のようになる。

これらの研究は、異常行動（不適応行動から病理的行動を含む）の形成プロセスを目に見える形で再現したところに特徴がある。形成することができるということは、除去できるということだから、異常行動の心理療法に結びつく見方を提供したことになる。行動療法は行動主義的な知見に基づいた心理療法であり、心理学の成果の一つであると言える。

4　二つの世界大戦の影響（特にアメリカ）

†兵士の精神衛生

戦争に動員された兵士たちの精神変調に関する関心は決して新しいものではない。兵士の仕事は戦闘だから、精神変調は戦力低下を示すことになるからである。

一七世紀のスイス傭兵に見られるメランコリー、気分の変動、泣き、食欲不振、全体的な消耗などの全体像はノスタルジアという概念で表わされた。この語はギリシャ語のνοσταλγία に由来し帰郷（nostos）と苦痛（algia）を組み合わせて、家やふるさとに帰れない苦しさの精神状態を表現したものである。日本では「懐郷病」という訳をあてられたこともある。

二〇世紀初頭の日露戦争においては、ロシア軍が兵士の精神状態の悪化は治療に値するものだと考え、治療して前線に返してみたが成功率は二〇パーセントに届かなかった。

そして、第一次世界大戦が開始されると、戦争神経症の問題に関心が高まり砲弾ショックと概念化された。

†砲弾ショック（戦争神経症）

第一次世界大戦は帝国主義諸国により主として欧州を戦場として行われた戦争であるが、各国の植民地からも兵士が動員され、結果的にグローバル（地球規模的）な戦いとなった。そうしたなか、各国の軍隊で兵士が神経症症状を示すことが問題となっていた。

イギリス兵士のこうした混乱を「砲弾ショック」と名付けたのはマイヤー医師である。なぜ砲弾ショックなのかといえば、砲弾の爆発が原因で微細な生理的な損傷がおき、さらには異常行動がおきたからだという説明をしたかったからである。

こうした見方は医師にとってはあり得る選択肢かもしれないが、各国の軍隊管理者から見れば、兵士がサボっているようにも見えていた。従軍中の兵士が呈する神経症様の症状は、各国において職務怠慢や詐病と見なされがちであったのである。病気であれば治療が必要であるが、怠けなのであれば治療ではなく強制的に戦場に戻すべきだということになる。ちなみに「サボる」の語源はフランス語の「サボタージュ（sabotage）」であり漢字表記はない。

フランスのバビンスキーは、異常行動は自己暗示によるものであり、兵士をできるだけ早く前線に戻すことが治療であると主張した。ドイツではミュンヘン大学医学部で開かれたドイツ精神医学会・神経医師会において、戦争神経症は戦争によるものではなく個人の意志が問題であるという意見が醸成されていった。オーストリアでは、のちにノーベル賞を受賞するヴァグナー＝ヤウレックが、苛烈な電気療法を用いた治療を行うことで兵士を戦場に戻そうと試みた。イギリスでは臆病病という診断が作られたうえでそうした兵士に死刑が執行されたこともあった。アメリカでは、戦争神経症患者への対応のために、精神科ソーシャルワーカーの養成が行われるようになった。

†アメリカ陸軍のアーミーテストと個人データシート

第一次世界大戦が始まると、アメリカでは参戦以前から諸科学を動員して戦争を遂行しようとする気運が高まり、国防会議が組織された。アメリカ心理学会にも協力要請がなされ徴募兵（市民）の知能や適性を測定して適切な配置を行うために助力を惜しまなかった。ただし、キャテルのように、第一次世界大戦へのアメリカ参戦に反対したのみならず協力を拒みさらには教授職を辞する者もいたことは特筆されるべきである。

この戦争のさなかに生まれたのが、陸軍で新兵の知能を検査するための集団式知能検査である。この検査は一七五万人以上に施行されたのだが、戦後になって出身地や人種による比較が行われ、結果の差異が注目された。黒人と白人の知能比較はもちろん、ヨーロッパにはノルディック、アルプス、地中海という三つの人種があると仮定したうえでの知能比較が行われた（念のため書いておくと、人種という概念は科学的概念としては成り立たない）。

あえて詳しく書かないが、出身地の比較によって低知能が多いとされた地域からは移民を禁止すべきだという論調になっていった。このアメリカ式の集団知能検査は、個人を丁寧に見ようとしたビネの思いや職を賭して戦争に反対したキャテルの思いとはまったく異なっていることに注意を要する。

また、戦争神経症になりやすい人物をあらかじめ排除する（スクリーニング）ための簡便なパーソナリティテストも開発された。ただし神経症症状に関する質問だということが分からないように「個人データシート」のような名称のアンケートとして用いられていた。

†ルリヤによる脳損傷兵士のリハビリテーションと神経心理学

神経心理学には有名な「自然の実験」が存在する。脳と心や行動の関係を研究したいと思っても、生きている人間の脳を破壊するわけにはいかないから、事故などによって脳が損傷された人の受傷前後の様子を比較することで洞察を得るのである。一九世紀中頃、フィニアス・ゲージという人は、大きな鉄の棒によって左前頭葉の大部分を破損するという事故にあった。一命を取り留めたとはいえ、温厚だった彼の人柄は大きく変わってしまったという。

戦争は脳障害を「量産」しかねない出来事であるから、関連する事例には事欠かなかった。少し時代が下るが、第二次世界大戦時のソ連においてルリヤ(一九〇二―一九七七)が脳を損傷した兵士とかかわるようになり、リハビリテーションの実践と神経心理学的研究を行った。脳のある部位を損傷した兵士の失われた機能がリハビリテーションによって回復するとき、神経細胞自体は再生するわけではないことを考えれば、反対側の脳半球への機能の転移によって説明されることになるのが一般的である。だが彼は損傷した脳システムのための新しい構造が再構成あるいは再組織化されると考えた。

また、ルリヤは晩年に『失われた世界――脳損傷者の手記』、『偉大な記憶力の物語――ある記憶術者の精神生活』など、記憶を脳の部位とその機能の集まりと捉えるのではなく、記憶を全体的に捉える立場から著書を公表したことから、ロマン主義科学の復活という評価をなされることもある。

第3章

臨床心理学の多彩な展開

子どもとは何か、どのようなものか、性格とは何か、どのようなものか、というような問いは、決して古いものではなく、近代化による社会の変化によってもたらされたと考えられる。地縁血縁の世界ではなく、個人が個人として生きる時代が始まったとき、心理学や臨床心理学による人間理解や人間のケアが必要になったと言えるのである。

1　児童への関わりや見方と／の心理学

†職業指導ガイダンスと少年非行への対応

個性や個人差について、私たちが昔から存在したと勘違いしてしまうように、子どもという時期も人類が生まれてからずーっと存在したのではないかと思いがちだが、必ずしもそうとは言えない。

心性史家アリエスの『〈子供〉の誕生』によれば、子どもが（大人の服ではなく）子どもっぽい服を着せられるようになるのは一七世紀頃以降であり、それまでは、子どもは準備期や教育される時期もなく大人になっていると見なされたのである。

日本でも似たような事情がある。最初の教育書とされる『和俗童子訓』を儒学者貝原益軒《かいばらえきけん》が執筆したのが一八世紀初頭であった。進化論で有名なダーウィン（第1章第3節）は、自らの長男（ウィリアム）を対象につけていた観察日誌を「乳児の日記的素描」という論文として発表したのだが、それは一九世紀後半のことであった。

このようにして子どもというものに関心が持たれてきたあとに、アメリカでは少年の職業選択や少年非行の問題が浮上した。急速な工業化のもと、教育を受ける存在であると共に労働力として期待される存在としての少年、そして時に問題行動を引き起こす少年という存在に関心が当てられるようになったのである。

アメリカ・シカゴには二〇世紀初頭に少年精神病質研究所が設立されたが、この名称からは、少年の問題行動の原因は精神病的なものが原因だと考えられていたことがわかる。ただし、所長の医師ヒーリーはそうした考えを脱し、個々の非行少年について理解をしたうえで個別の援助が必要だと考えるようになっていった。また、この頃ボストンに職業指導室が開設され、職業指導こそ若者支援でありかつ犯罪予防にもなると考えられるようになった。

†児童相談におけるサイコロジスト

心理学が一つの学範（ディシプリン）として成立すると、その専門性を活かして社会に貢献したいという学生たちが輩出されることになる。心理学の場合、社会との接点は子どもに関することであった。

イギリスでは、二〇世紀初頭に心理学を学んだバート（一八八三－一九七一）がパートタイムの教育職員に採用されたことが、学校心理学（士）の先駆とみなされているし、その後、精神分析系の人たちにより児童相談が開始された。たとえば、フロイトの精神分析から訣別した精神科医アドラーは第一次世界大戦の敗戦国の一員として、児童相談所の設立に奔走した。

また、子どもが学校に行かない／行けないことを、単なる怠け癖とみるのではなく心理的な問題として捉える傾向が現れた。イギリスでは登校拒否（school refusal）という語が、アメリカでは学校恐怖症（school phobia）という語が、それぞれ用いられることになった。こうした語は現在では不登校という語にとってかわられているとはいえ、その当時においては発想の転換を示したものであった。

そして、フランスのビネが開発した知能検査（第2章第2節）こそが、心理学者の仕事の一部となっていった。二〇世紀半ば頃のアメリカにおいては、「心理士になる ビネ・テスト簡単二〇レッスン」という謳い文句で受講生を募っていたコースがあったことからわかるように、ビネが開発した知能検査を習得することが心理学を活かして社会に貢献する一つの道であった。そして、知能検査を用いて子どもたちを心理学的に扱う人たちは心理測定者と呼ばれることもあった。

さて精神分析の後継者たちは、生後の母子関係を重視したため、子どもに心理的なまなざしを向けて実践も行っていたが、イギリスではその仲間内で大変な論争を引き起こしていた。

メラニー・クライン

ことの発端は子どもの自我の扱いであった。フロイトによれば、エディプス葛藤を経験しない時期の子ども（三歳以下くらい）は自我が発生せず精神分析も有効にならないのであり、娘のアンナもその学説に従った。一方でメラニー・クライン（一八八二－一九六〇）は子どもへの精神分析も可能だとし、遊びに着目して分析を行い遊戯療法（プレイセラピー）が発展する基盤を作った。

その後オーストリアからナチス・ドイツがユダヤ系を迫害する政策をとったことによってフロイト父娘がイギリスに移り住むと、両者（アンナ・フロイトとメラニー・クライン）の論戦は様々な人間を巻き込んで激化の一途をたどり、人間関係さえも悪化させた。メラニー・クラインの娘メリッタがアンナ・フロイト側に参入して親と論戦をしていたりもした。ちなみにこの母娘関係については、日本の劇団・風姿花伝が『ミセス・クライン Mrs KLEIN』という劇を上演している。

こう書くと両者の論戦は悪いことばかりだったかのように見えるが、両者が相手に負けないように真摯《しんし》に議論したことで精神分析の理論的中核が鍛えられるというプラスの面もあった。

†子ども観の噴出――ヴィゴーツキー・ピアジェ・ビューラー

一九二〇年代以降、心理学と子ども研究の接点が様々に拡大し、子どものノーマルな発達を考える様々な理論が現れた。ノーマルを考えることはノーマルの幅・範囲を考えることであり、さらには辺縁《へんえん》や外部を考えることでもあるから、必然的にアブノーマル（異常）についても考えることになり、臨床心理学にも役立つ理論になっていく。

ドイツには早くから治療教育学という名称の研究・実践領域があった。また、革命によって成立したソビエト連邦では、欠陥学という名称で発達障害や精神遅滞の研究や支援実践が行われていた。そのロシア／ソ連で独自の発達理論を構築したのがヴィゴーツキー（一八九六－一九三四）である。

レフ・ヴィゴーツキー

彼はその天才ぶりと三七歳という若さで亡くなったことから、心理学のモーツァルト（三五歳で没した作曲家）と称されている。彼はドイツのゲシュタルト心理学者ケーラーが報告したチンパンジーの洞察学習の研究にヒントを得て、人間の高次精神機能は、道具や言語・記号によって媒介されて成立すると考えた。

ここで高次精神機能とは人間に固有の機能のことであり、一般的には随意的注意、記憶、意志、思考を指す。道具や言語・記号は、行動主義における刺激のように普遍的ではなく意味の違いを含むものであるから、彼の考え方は文化

ジャン・ピアジェ

心理学の基礎にもなった。

ヴィゴーツキーは発達の最近接領域にも注目した。子どもが自らの力のみで他から助けを得ずに課題を行い得る水準の少し先にあり、他からの支援や示唆の支えを得ることで課題遂行が可能になるような領域のことである。彼は言語発達について、他者との関係から始まり外言が生まれ、それが内的対話となり、そして内言が可能になるとした。

一方、子どもは自己中心的な存在から始まり、言語についても内言から外言への発達を示すものだと考えたのがスイスのピアジェ（一八九六－一九八〇）である。ピアジェは自己中心性を重視したため、言語の発達も自己中心性の様相を帯びたものから認知発達の進展に伴い社会化されていくと考えていた。彼は早熟の天才で、一〇歳のときにすでに動物学の論文を執筆したという。

ピアジェは知識の構造を「シェマ」として概念化し、外界への適応は同化と調節という

表3　ピアジェによる思考の発達段階説

◦感覚運動期（0～2歳）
外界との接点は感覚や反射運動である
◦前操作期（2～7歳）
ごっこ遊びのような記号的機能が生じる。他者の視点に立って理解することができず自己中心的である
◦具体的操作期（7～12歳）
数や量の保存概念が成立し、可逆的操作も行えるようになる
◦形式的操作期（12歳以降）
形式的、抽象的操作が可能になり仮説演繹的思考ができるようになる

プロセスによってなされるとした。そして、同化と調節の方式が高度化する過程を認知発達段階として大きく四つの段階を提唱した。

このほか、ドイツにはカール・ビューラー（一八七九―一九六三）がいた。児童の発達についての研究では、精神発達を本能、訓練、知性という三つの段階で理解すべきだという説を唱えた。また、記号の場依存性を提唱した。

これは同じ♪という記号でも、それが楽譜の上にあれば具体的な音を表すのに対し、文章の後にあれば愉快な気持ちを表す、ということである。妻のシャーロッテと共に小児検査（発達検査）を開発し発達指数（Developmental Quotient＝DQ）という概念を取り入れた。発達指数（DQ）＝テストで得られた発達年齢／生活年齢×一〇〇であり、発達の遅れを捉える指標となった。

メアリー・カバー・ジョーンズ

†子どもの異常行動への行動主義的介入

行動主義的な見方によって、子どもの異常行動に対して――精神分析が行うような内面の理解のための理論を用いるのではなく――異常とされる行動そのものを消去することも可能になった。異常行動も正常行動と同じく、学習されたものであるから、その生起メカニズムを知ればそれを消去することも可能になる。

その先駆はワトソンとレイナーによる情動の条件づけである（第2章第3節）。レイナーの友人であったメアリー・カバー・ジョーンズ（一八九七―一九八七）は、ピーターという少年の白ウサギ恐怖を行動主義的観点から低減しようと試みた。メアリーは様々な恐怖低減手続を用いたが、結果として最も有効だったのは「直接的条件づけ」、つまり、白ウサギと共に食べ物を提示するなどする方法だった。彼女は行動療法の母と呼ばれている。

マウラー夫妻は夜尿症（おねしょ）を成立させる行動を要素的に分析して考えてみた。尿意とは膀胱の充満でありその圧力に気づくことができれば目を覚ましてトイレで排尿することができる。あるいは、括約筋《かつやくきん》が緊張することによって排尿を防ぐこともできる。そうであれば、膀胱の充満に対する生体の反応を条件づけすることが大事であるとマウラー夫妻は考えた。そこで、膀胱の充満に対する生体の反応を条件づけするために、パッドがぬれるとブザー音が出るような「おねしょパッド」を考案した。

このように、行動療法の基本的枠組みは一九二〇年代に整ったと言えるのだが、一般的に受け入れられるまでには五〇年以上の時が必要であった。

2　精神医学における進展

†脳地図、脳波

脳と心に関係があるという仮説は現在では当たり前に思えるかもしれないが、決して新しい考え方ではない。心臓や臍《へそ》（丹田）が重要という考え方もある。

一七世紀頃にはガルが骨相学という学問を打ち立て脳と人間性の関係に注意を喚起した。そして一九世紀中頃、ブローカやウェルニッケが失語症と脳の部位との関係について理論を作りあげて今日の神経心理学の基盤を作った。二〇世紀になるとブロードマンが、大脳皮質組織の神経細胞を染色する方法を導入し五二の部位に分けることを提唱した(これは現代でも使われている)。

ペンフィールド(一八九一―一九七六)はてんかんの治療のために行われる開頭手術の際に大脳皮質を電極で刺激することにより、ある部位を刺激すると鮮明な記憶がよみがえることを発見するなど、脳の部位の機能をより明らかにした。

また、ドイツのベルガーは、穿頭術を受けた一七歳の少年に対して脳波測定を試みるなどして、平均九〇 msec の持続をもつ大きな波と平均三五 msec の持続をもつ小さな波の大小二つの波があると報告し、それぞれ α 波、β 波と呼んだ。現在では認知症、精神疾患、睡眠障害などの診断のための補助的な情報としても使われている。

†集団心理療法や自助グループの始まり

集団心理療法とは、個々人の心理的な治療的変化を目的としつつ三人以上のメンバーを構成して行われる心理療法である。その萌芽は一九世紀末から見られるが、精神分析を基盤としたスラブソンによって『集団療法入門』が出版されたのは二〇世紀半ばであった。

即興劇に興味をもっていた精神科医モレノ（一八八九－一九七四）は、劇団員の夫婦が家庭での不和をもとに即興的に劇を行ったあとに夫婦仲が改善したという出来事をヒントにして、即興劇を心理治療に適用しはじめた。モレノは一九三〇年代にアメリカ精神医学会で集団心理療法という新しい語を用いて自身の実践を説明するようになった。心理劇は、集団であるだけではなく劇という芸術を利用することから、芸術療法の一つであるとされることもある。

集団心理療法とはまったく異なる立場から集団のもつ力を引き出したのが当事者グループである。アルコホーリクス・アノニマス（Alcoholics Anonymous）は、米国のビルとボブという二人のアルコール依存症者が、一九三〇年代に始めたものである。

酩酊、不摂生、習慣的な飲酒が「道徳的で素晴らしい行動」だと賞賛されることはない。米国ではアルコール依存は病気と見なされていたので、ビルとボブはそれぞれ医学的な治療に通ったのだが、結果的に匙《さじ》を投げられ治療できない存在として見放されていた。この二人が出会ったことで、自助でアルコール依存を克服しようという契機が生まれたのである。アノニマスが匿名を意味することから明らかなように、この会に参加するのに実名登録は必要ない。ただし、素性を明かさない人たち同士が会を運営するのは簡単ではなく、

ハンス・アスペルガー

レオ・カナー

アメリカにおいては教会の支援があり軌道にのせることができたと言われている。

アルコールの問題は、アルコール嗜癖《しへき》、アルコホリズム、アルコール依存症、という名前で呼ばれてきた。コントロールの喪失という意味では、嗜癖行動との類似性もある。ＤＳＭ―５では依存や乱用という言葉にかえて、物質使用障害（substance-use disorder）が採用されている。日本語的には「物質使用」って何よ？ということになると思うが、ここでの物質はアルコール等であり、使用は飲むことを指している。

†自閉症の提唱――アスペルガーとカナー

いわゆる自閉症は概念や考え方に収束が見られず、現在では「自閉スペクトラム（連続体）」

表4　カナーによる自閉症の定義

1	生後2カ月くらいから、人と視線があわず人に興味を示さない
2	コミュニケーションの目的で言語を用いない（オウム返しなどはある）
3	道順などの同一性保持への固執がある
4	積み木を精巧に作るなど、モノに対する技巧が高い

という概念で記述されている。この概念を初期に提唱したのは、カナー（一八九四－一九八一）とアスペルガー（一九〇六－一九八〇）という医師であった。二人はお互いに知り合いではなく言語圏も異なっていたので、独立に似たようなことを提唱したと考えられている。同時多発的、である。

自閉という言葉を精神医学に導入したのはスイスの医師ブロイラーであり、統合失調症の基本症状の一つとして自閉を位置づけた。オーストリアのアスペルガーはブロイラーに影響を受け、一九三〇年代に自閉的精神病質の症例を発表した。同じくオーストリアに生まれたカナーは長じてアメリカでマイヤーに師事して精神医学を研究し『児童精神医学』を刊行するなどして新しい分野を切り拓くことになった。その後、以下のような特徴をもつ子どもたちを「感情的コンタクトの自閉的障害」であると提唱した。

こうした症例は早期小児自閉症と呼ばれることになり、カナー自身は当初これを統合失調症と見なしていたが、最終的には発達障害であるという説へと変貌させることになった。

なお、一九六〇年代にアメリカの精神分析学者のベッテルハイムは自閉症の母親たちの子どもへの接し方の冷淡さに問題があるとしてそうした母親のコミュニケーションのあり方を批判し、「冷蔵庫マザー」と呼んだ。この考えは自閉症の原因を生後の生育環境に求めるものであり、一九七〇年代まではそれなりに信じられていたが、母親たちを苦しめたことが問題視されると共に、確たる証拠もなかったことから次第に廃《すた》れていった。

†フロイトの精神分析理論の展開

精神分析の創始者フロイトは休む間もなく思索し続けた。一九一〇年代半ばに始まった第一次世界大戦は彼の思索に影響を及ぼした。一九二〇年代には『快感原則の彼岸』で死の欲動に注目した。『自我とエス』においては、無意識の力動的なモデルを完成させた。心の構造をエス―自我―超自我の三つの領域から成るものとし、どの領域が強いかによってパーソナリティの個人差を説明することとさえ試みた。

蛇足ながら、かつて精神分析学者・北山修さん（現白鷗大学学長）とご一緒したときに、「日本の学者は外国の言葉を難しく訳しすぎる」と言っていたことを思い出す。フロイトの原題は「Das Ich und das Es」なんだから、「私とそれ」で良いではないか、自我とかエスとかわけのわからない言葉を使う必要はないという主張だったと記憶している。日本語を大切にする北山さんらしい主張だった。

フロイトは、一九三〇年代には『続精神分析入門』を出版した。これは一九一〇年代に発表した『精神分析入門』の理論的発展であると同時に、批判や誤解にも応答する意図を持った本であった。

なお、この頃から精神分析は文芸作品・芸術作品を読み解き、時に著者・作者の人間判断まで行う枠組みとして機能していった。その基本仮説は、芸術作品は作者によるコンプレックス（複雑なもの）の現れであるということであった。さらには神話や宗教を分析することで、文明論の枠組みとして使えるとフロイトは主張した。

また、第二次世界大戦の足音が聞こえる一九三〇年代にフロイトは、「なぜ人は戦争するのか？　なぜやめられないのか」と問う物理学者アインシュタインと書簡を交換し、のちに書籍として公刊することになる。同じユダヤ系という意味で二人は同じであるが年齢はフロイト七〇代、アインシュタイン五〇代であった。

そもそもこの企画は国際連盟がアインシュタインに持ちかけたものであった。アインシュタインは戦争や攻撃について語りたいと思い、その相手にフロイトを選んだのである。このふたりが二一世紀に生きていたらロシアによるウクライナ侵攻をどのように考え何を語るだろうか……。

マリー・ボナパルト

　その後フロイトはウィーンにナチスが侵攻したため移住を決意するに至り、娘アンナと共にイギリスに亡命した。その亡命を助けた弟子の一人がマリー・ボナパルト（一八八二―一九六二）である。ナポレオン一世の弟の曽孫でギリシャ王家と姻戚関係にあったマリーはフロイトの共同研究者であるとも愛人であるともその両方であるとも言われている。

　一九六二年に死去したとき、結婚後の日記三〇年分を信託しており、彼女の死から九九年後に公開されるとのことである。いろいろと生々しいことが書いてあるだろうと思われ興味がわく。ちなみにこの一九六二年は筆者が生まれた年であり、人生一〇〇年時代の今では、うまくすれば公開するときまで生きていられるのではないかと期待したりもする（長生きしたいわけでもないが、読んでみたい）。

フロイトは舌がんにより亡命先ロンドンで死去し、その住居は現在フロイト博物館になっている。フロイトの説を二一世紀の目から見ると、女性蔑視的な点や父権主義的な点が気になるかもしれない。しかし、女性の精神変調・障害に対して科学のメスをいれて治療を図った点や、性行動や性的欲動のもつ意味について開かれた議論を可能にしたことはフロイトが打ちたてた金字塔であるし、フロイトの議論があったからこそ、現在の私たちがフロイトの批判をできるということを忘れてはならない。

3 性格理論の深化、心理検査の展開

†性格の類型論

性格も知能と同様、昔からあったと思うかもしれないが、身分制度がなくなり職業や結婚が自由にできるようになったからこそ、重要な概念として社会で重視されるようになってきた。つまり近代以降のことなのである。

一九二〇年代には、性格をいくつかのタイプにわけて理解する類型論が現れた。精神科

医で精神療法家であったクレッチマーは、体格と性格に関連があるのだという理論を作った。たとえば、肥満型の人は循環気質であり躁鬱病になりやすい、というような考え方である（彼の考え方は現在では否定されている）。

またユングは、精神分析の師匠にあたるフロイトと兄弟子にあたるアドラーの意見対立の様子を身近でみるうちに、この二人は、心的なエネルギーが他者に向くのか自分に向くのか、が正反対であることに気づき、内向型―外向型という類型を作った。フロイトは他人・対象・関係を重視し、アドラーは主体・内面動機を重視する、とユングは見て取ったのである。

ちなみに、現在の日本で流行っている血液型占いの源流である日本の血液型気質関連説も、クレッチマーやユングの類型論と同時代の日本で提唱されたものである。

†性格の特性論

性格という概念は、精神医学だけではなく臨床心理学や心理学にとっても重要な概念となった。同じ人は異なる状況でも同じような行動をするし、時間がたっても同じようである。

これが個人差であるが、オルポートは、人間の動機や（行動）の個人差は、特性によって説明されるとした。特性は神経的基盤をもち、また、アンケート（質問紙）の回答から把握できるとした。アンケートによって個人差を捉えようとする手法は、第2章第4節で紹介した「個人データシート」にその原型がある。

また、オルポートは、性格を研究する姿勢・スタイルとして、多くの人に共通の法則を求める法則追究的研究だけが大事なのではなく、個人を研究する志向である個性記述的研究も大事だと主張した。彼のこの主張によって、臨床心理学における事例研究や心理学における個人を対象にした研究（N＝1の研究）が、臨床心理学や心理学にとって重要なものだと認識されるようになった。

アンケートで性格を把握できるならば、多くの人数に一度に施行することができて便利である。だがアンケートの場合、回答者が実施者の意図を読んで望ましい性格を作り出すこともできるのではないかという問題も抱えていた。実は、いい加減に答えるのは簡単だが望ましい性格の回答を作るのは素人には難しい。

またしても雑談であるが、この難題に答えようとしたのが故大村政男先生（日本大学）である。彼は、「お葬式に出ているつもりで性格検査に回答すると望ましい性格を表現できる」と言って周囲をヒヤヒヤさせていた。これが本当かどうかはともかく、葬儀という場においては、行動の様式がかなり規格化されているし、羽目を外す行動などは難しいから、当たらずといえども遠からず、なのかもしれない。

†ロールシャッハと投影法

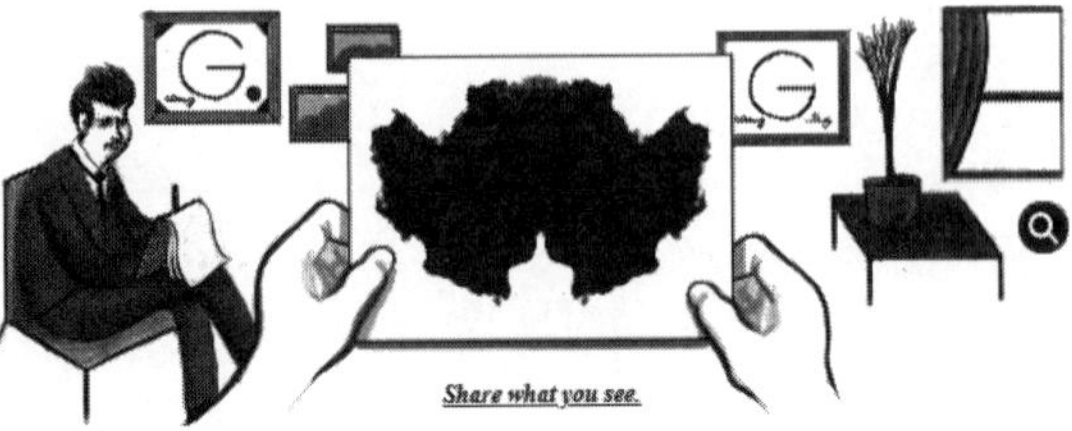

回答者に曖昧な図などを見せてその解釈を引き出して性格を把握するのが投影法である。最も有名な投影法の一つがロールシャッハ・テストである。ロールシャッハ（一八八四－一九二二）という画家志望だった医師が開発した。上の図は、Googleがロールシャッハ生誕一二九年を記念して作成したロゴ動画である。

真ん中の図は、紙にインクを垂らして二つ折りにして開いたときにできる図であり、左右対称な絵になっている。回答者はこれを見て何に見えるかを答えるのである。曖昧な図形を見て何かを答えることは精神分析の自由連想法のようなものだと考えられており、この検査によって人の無意識や精神力動が把握できるということになった。回答者の回答の解釈は難しいために訓練が必要であり、いくつかの流派がそれぞれの方法を提案している。

投影法にはこのほか、クライエントや被験者に対して、「私にとって母は」などという不完全な文章を提示して、自由に文章を完成させる文章完成法や、何枚かの絵を見せてそれぞれに空想的なストーリーを作ってもらってパーソナリティを理解しようというTAT（主題統覚検査）がある。

TATはマレーによって開発されたが、その弟子のローゼンツヴァイクは、絵画―欲求不満スタディ（通称P―Fスタディ）を開発した。この投影法検査は二人の人物が簡単な線でマンガ風に描かれており、いずれも左側の人物が右側の人物を欲求不満に陥れるようなことを言っているシーンになっている。そうした状況で右側の人物が何を喋るのかを回答するのが回答者に求められていることである。

†神経心理学的検査という発想

ここで、性格とは少し異なるが「検査つながり」ということで神経心理学的検査についても紹介しておきたい。リハビリテーション実践にも重要なものである。知能検査にせよ性格検査にせよ神経心理学的検査にせよ、検査を行い回答を得ることで、その個人がもつ特徴を類推するという基本的な形は同じである。

生活上の機能障害の原因を脳の病変・欠陥などによると仮定したうえで、心理学的な検査を行い、その結果から捉えようとするのが神経心理学的検査である。

ベンダー・ゲシュタルト検査はその一つである。名前を見ればピンとくるように、ベンダーという医師がゲシュタルト心理学者ウェルトハイマーが知覚について説明するのに用いた図形を用いて作った検査である。ゲシュタルトというのは形態のことである。正常な成人の知覚は左頁の図の例1であれば、左上の三本の線と右下の曲線が一点で接しているものとしてその形を知覚することができる。ところが、アルツハイマー病を患い脳に病変がおきると、ゲシュタルトを知覚することができないのである（ゲシュタルト崩壊）。

この検査は二〇世紀中頃に発展し、第二次世界大戦時に戦傷兵士の神経心理学的検査として利用されることになった。

ちなみに、ゲシュタルト崩壊は正常な脳機能を持っていても条件によっては生じることがある。

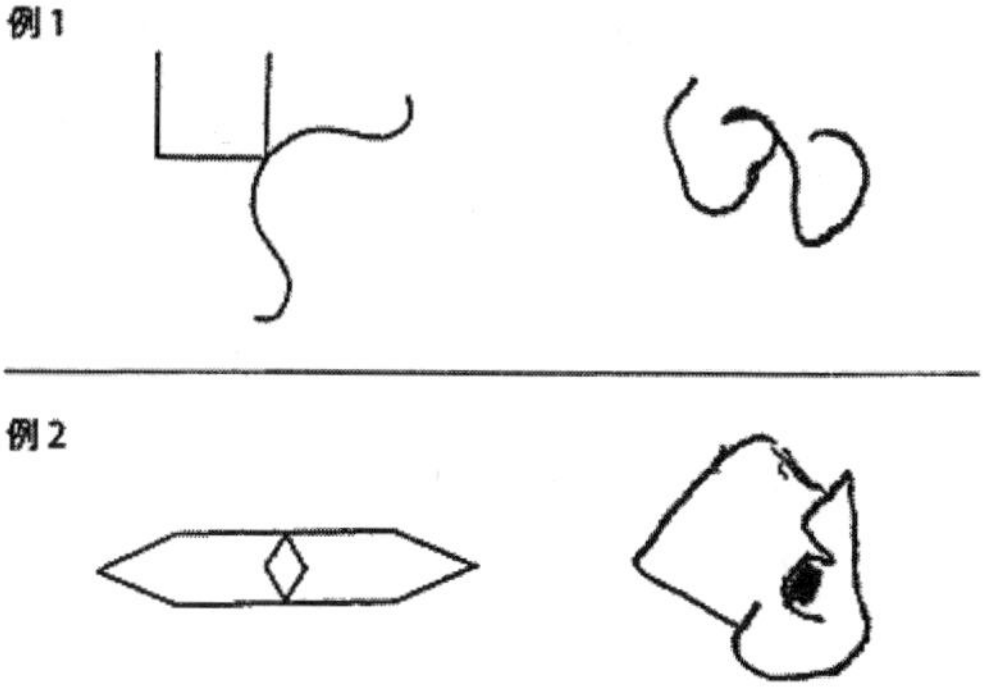

認知症にともなうゲシュタルト崩壊（佐藤眞一『認知症「不可解な行動」には理由がある』98ページ）

ゆゆゆゆゆゆゆゆゆゆゆゆゆゆゆゆゆゆゆゆ
ゆゆゆゆゆゆゆゆゆゆゆゆゆゆゆゆゆゆゆゆ

というように、同じ平仮名を何度も書いているとそれが、本来何という文字だったのかが分からなくなるが、これも一種のゲシュタルト崩壊現象である。

4　臨床実践の心理学化

†カウンセラーとクライエント

臨床心理学の領域は広い。そして他領域との重なりも大きい。精神医学とも重なるし、教育学や社会福祉学と重なる部分もある。ある実践領域の守備範囲が他の実践領域と重なることは、臨床心理学以外にも起きうることで珍しいことではない。だからといって曖昧なママにしておいていいわけでもなく、境界確定をしっかりすることも重要である。

臨床心理学の場合は、やはり、精神医学との関係が気になるところである。精神医学は医学の一部であるから、医学全般を修めたうえで精神科医として精神医療を実践することができる。

ドイツやフランスでは、精神医学と臨床心理学の境目が曖昧であるのに対し、アメリカでは相対的に独立である。これまでに見てきたように、近代心理学の祖ヴントのもとで学んだウィトマーがアメリカで臨床心理学を打ち立て、その影響を受けて臨床心理学が社会のニーズも取り込みながら成長していった（第1章第4節）。これは心理学と精神医学の距離が取りやすいアメリカだったから可能だったのかもしれない。

また、ワトソンやスキナーという行動主義の心理学者たちが行動の形成と消滅に関するメカニズムを明らかにしたことも、アメリカで臨床心理学が精神医学と独立であることの一要因かもしれない。そのアメリカで、精神医学とは独立した臨床心理学を確立するのに力を尽くしたのがロジャーズである。

ロジャーズ（一九〇二－一九八七）は、臨床心理学にクライエントという呼び方を定着させた。それまでは患者（ペイシェント）と呼ばれていた人を、ロジャーズは顧客という意味をもつクライエントと呼ぶことにしたのである。患者＝お客様、というのは医療ではなかなか受け入れられないであろう（最近は、患者様というように「様」を付けるようになってはいるが、お客様とは思っていないと邪推できる）。

ロジャーズは農家に生まれたため最初は農学を学んだが、その後、史学や神学の道を志し、最終的には臨床心理学で博士号を得た。その後、ロチェスター児童虐待防止協会で一二年間にわたって実践に従事し、その成果を『問題児の臨床的治療』として出版した。この著書が評判となりロジャーズはオハイオ州立大学教授に招聘された。

ロジャーズは第二次世界大戦直後に二〇世紀生まれの人物として初めてアメリカ心理学会の会長に選ばれるなど、若いときからその実績が広く知られた人であったが、その後の活動も重要なものが多い。

†「心理療法の新しい諸概念」を講演

ロジャーズが初めてクライエントという語を用いたのは一九四〇年代のことである。彼は「心理療法の新しい諸概念」と題する講演でクライエントという語を初めて用いた。もちろん、単に呼び方の問題を提起したわけではなく、カウンセリングする人とされる人の間には温かい関係が必要であるとロジャーズは考えており、それにふさわしい言葉としてペイシェント（患者）よりもクライエントのほうが適切と判断したのであろう。これは、臨床心理学と競合状態にあった精神医学との境界を明確にする機能も果たすことになった。

ちなみに、ペイシェントの語源は耐え苦しむ人である。ハムレットではないが、「お客様か？　耐え苦しむ人か？　それが問題だ」。ロジャーズはお客様というニュアンスを選んだ。

ロジャーズが言うところの「古い」心理療法とはそれまでに行われていた様々な技法のことであり、カウンセラー（もしくはセラピスト）が解決すべき問題を設定しているのだと指摘した。それに対して「新しい」心理療法は問題の解決ではなく個人の成長を目指すのであり、その焦点は問題ではなく人間にある。その強調点は以下の三つである。

- 。個人の成長の援助
- 。知的な側面ではなく情緒的な要素や状況に対する感情に焦点をあてる
- 。人間の過去よりもいまここでの状況を重視する

そして、問題を決めるのはカウンセラーではなくクライエントであることを主張したのである。

†中核条件、録音、訓練用画像

ロジャーズは自らのカウンセリング場面を録音してそれを文字化して分析するなど、カウンセリングの質の研究を客観的に行うことに努めた。こうした彼の志向は、心理療法のプロセス研究の流れを生み出すことになる。

前項で紹介した講演が本として出版されると、そこには具体的なカウンセリング事例の逐語録が掲載されていた。Zoomで面談しているときにボタン一つで何時間でも録画できる二一世紀とは異なり、二〇世紀前半において使える機材は蓄音機（レコード）であった。そのレコード円盤一枚の録音時間は四分半であり、途切れなく録音するために複数の蓄音機を用意して録音を行う必要があった。そうして録音した記録を聞いて書き起こしを行ってカウンセリングの過程を分析したのが、ロジャーズだったのである。これによって初めてカウンセリング過程を客観的に分析する見通しができた。

ロジャーズは、苦悩を抱える多くの人はカウンセリングを通じて建設的な変化を起こすようになる、という考えをもつようになった。そして、それを可能にするカウンセリングの必要十分条件についても考察を深め、中核条件と呼ばれる三つの条件を提案した。

第一は、セラピストが（クライエントとの関係において）自分自身の実際の体験に自分自身で気づいており、自分らしくいられること、第二はクライエントに対して無条件の肯定的関心・配慮を持つこと、第三は（カウンセラーの見方ではなく）クライエントの内的準拠枠（見方）からクライエントを理解すること、である。

また、ロジャーズは臨床心理学という実践をより科学的により信頼できるように構築することが重要と考えて、一九六〇年代には訓練用の映像も作成した。これは、グロリアという同じ女性に対して、ロジャーズ、パールズ、エリスという三人の心理療法家がセッションを行った様子を映像化したものである。蛇足だが、この映像を見るとカウンセラーがタバコをふかしながら話をしていたりして、隔世の感がある。

†ロジャーズの遺産――エンカウンター・グループ

同じ頃、ロジャーズはカウンセラーの訓練を目的にエンカウンター・グループを試行し始めた。エンカウンターとは出会いであり、一、二名のファシリテーター（交流促進役）と一〇名ほどの参加者が合宿形式で自由な会話をもとにしたセッションを何度か行うものである。それがやがて一般の人の成長の機会として、あるいは、紛争の最中にある人達の紛争解決への見通しとして、実践されるようになっていった。

『鋼鉄のシャッター――北アイルランド紛争とエンカウンター・グループ』は（北）アイルランド紛争などの紛争地域や国に出かけ、紛争当事者によるエンカウンター・グループを行った弟子のライスによる博士論文の研究である。こうしたこともあって、ロジャーズはノーベル平和賞の受賞候補者として推薦されるまでになっていた。

ロジャーズの弟子としてはこのほかにジェンドリンがいる。彼は体験過程において感じられる意味（フェルトセンス）に焦点を当てるフォーカシングという技法を開発した。

第4章

臨床心理学の成熟

第二次世界大戦は臨床心理学にも大きな影響を及ぼした。それまで心理学の中心であったドイツは、敗戦によって国土や制度が荒廃したのはもちろんのこと、戦時中のナチス・ドイツのユダヤ人迫害政策とその結果としての頭脳流出の影響を受け、あらゆる領域での国力を低下させることになった。

心理学の領域ではアメリカを含む南北アメリカ大陸への人材流出が顕著であった。そのアメリカでは戦闘から帰還した兵士の心理状態や戦争孤児の発達問題などに心理学的な視点が必要とされた。心理的介入（心理療法）が、戦争によって混乱／困惑している個人の助けになることが明らかになっていき、様々な技法や療法が開発されていくことになる。

1　ホスピタリズム・実存主義——退役軍人支援からの制度化

†強制収容所サバイバー『夜と霧』

民族浄化はナチス・ドイツだけの専売特許ではないが、ヒトラーが率いたナチスが主導したユダヤ人根絶政策はその量と質において苛烈を極めた。それを象徴するのが、多くの人が耳にしている「アウシュビッツ」という収容所の名前である。また、その逆の美談として、当時の大日本帝国の領事でありながら命令に背いてビザを発給し続けた杉原千畝《ちうね》（当時リトアニア国領事）の「命のビザ」など感動的な話もある。

ユダヤ人として当時のオーストリア＝ハンガリー帝国のウィーンに生まれたヴィクトール・フランクル（一九〇五－一九九七）はウィーン大学で医学を修め、フロイトやアドラーの考えに関心を持ったこともあった。だが、医学生時代に早くもロゴセラピーという言葉を使っていたことから分かるように、独自の心理療法への道を歩んでいた。

ヴィクトール・フランクル

ロゴセラピー（logotherapy）のlogoはギリシア語に由来し、意味づけということである。セラピストの側が相手に代わって意味を見出すのではなく、意味への意志を見出すことを助けるのがロゴセラピーである。ロゴセラピーは強迫性障害、パニック障害、社会不安障害などに有効な技法を開発している。

なお、フランクルはロゴセラピーの目的について宗教との比較をしている。宗教は救済を求めるがロゴセラピーは精神的健康のためであり、宗教とは異なるものだ、ということである。

そのフランクルは第二次世界大戦中に強制収容所に収容されることになった。家族もそれぞれ収容されたのだが自身のみが生き残って解放され、その壮絶な経験を『……それでも人生にヤー（Ja）と言う——一人の心理学者、強制収容所を体験する』として発表した（一九四六）。ドイツ語表記を書いておけば「… trotzdem Ja zum Leben sagen」である。ちなみに邦訳の『夜と霧』という書名はナチス・ドイツの冷酷な作戦名を日本語訳にしたものである。

フランクルは強制収容所の自身や周囲の人たちを観察する中で、どのような状況でも人生に意味を見出そうとすることが生きることにとって重要だという考えに至った。そして、どんな状況下にあっても「私は何のために生きているのか？」と問うのではなく「あなたが生きることが、あなたに対して期待していることは何か」を問うべきだとした。

フランクルは実存主義的な志向をもつとされる。この実存主義はデンマークの哲学者・神学者キルケゴールの著作によって一九世紀後半に形を現したものであり、「実存は本質に先立つ」という言葉に集約される思想である。一九七〇年代には、ロジャーズがマズローらと共にサンフランシスコに人間性心理学研究所を設立し、実存主義、人間性心理学の拠点を作ることになる。

マズロー（一九〇八－七〇）は、人間を自己実現に向かい成長する存在として捉えることを主張した。人間を、精神分析のように過去との関係で捉えたり、行動主義のように動物との連続性で捉えることは、そのいずれもが生後の環境を重視するものであり、（ヨーロッパの階級や遺伝を重視する考えとは異なり）アメリカ的な進取の気性に富む考え方であった。とはいえ、母子関係に問題があったなど過去の環境要因についてハタチ過ぎになってから言われても絶望しかもたらさないであろう。過去や現在の環境を変えるのは容易でないため悲観論に陥りやすいとマズローは考えた。

アブラハム・マズロー

彼の欲求階層説は、人間に見られる欲求をいくつかの基本的欲求に分類した上で五つに階層化したものである。生理的欲求などを低次の欲求として位置づけ、安全欲求、所属・愛情欲求、と続き、さらに承認・尊重欲求、そして最後に自分らしさを実現しようとする自己実現欲求を階層の最上位に配置した仮説である。

マズローによれば、自己実現をしている人物は、自身の才能、能力、可能性を生かして自分自身のできるかぎりの最善を尽くしている人物だという。そしてマズローが自己実現している人間として認めているのは、アメリカの第三代大統領ジェファーソンと第一六代大統領リンカーンの二人だけである。アインシュタインやスピノザなど六名は「非常に可能性のある者」、ベートーヴェン、フロイトなど七名は「欠けるところはあるが、研究に使用可能な者」という扱いであった。

当然ながら、日本人の名前はない。マズローが今生きていたらどのような人物を自己実現した者とするのか、日本人なら誰の名前をあげるのか、いろいろと興味がわいてくる。

†戦災孤児の境遇から理解できること

精神分析は、生後の親子関係がのちの子どもの発達に大きな影響を及ぼすという仮説を持っていた。フランスのスピッツ(一八八七－一九七四)は、精神分析の考えを基盤にしつつ乳幼児の直接観察、実験心理学的手法、統計学的調査を駆使して八カ月頃における人見知り反応の成立メカニズムやその発達的意味などを明らかにした。そして、実の母親と一緒に暮らす乳幼児が施設などで暮らす乳幼児よりも良い発育をするとして、後者を施設病と呼んだ。

第二次世界大戦のような世界規模の戦争は多くの孤児を作り出し、孤児たちの発達にも関心が向けられるようになった。イギリスのボウルビィ(一九〇七-一九九〇)は第二次世界大戦中のドイツによる爆撃から子どもたちを避難させる活動に従事していたが、避難を経験した子どもたちがのちに冷淡な対人関係を持ちがちであること、また、知的な発達も良好ではないことに気がついた。世界保健機構(WHO)の要請を受けて母子分離の影響について研究を行うことになったボウルビィは、発達初期における母親からの遮断がその後の発達を損なうことを示した。

その当時は母親という生物学的な親に焦点が当たっていたのは事実だが、二一世紀の現在では、生物学的な女性の親(母親)との関係が重要だという考え方ではなく、発達初期に最低ひとりの大人によって十分に養育されることが必要だという考え方になっている(多くの場合は実母だが、実母である必要はないということは何度強調しても強調しすぎることはない)。

精神分析による母子関係へのまなざしは一九五〇年代になるとエソロジー的な研究と共鳴して発達心理学を豊かにした。ハーロウ(一九〇五-一九八一)が哺乳瓶付きのハリガ

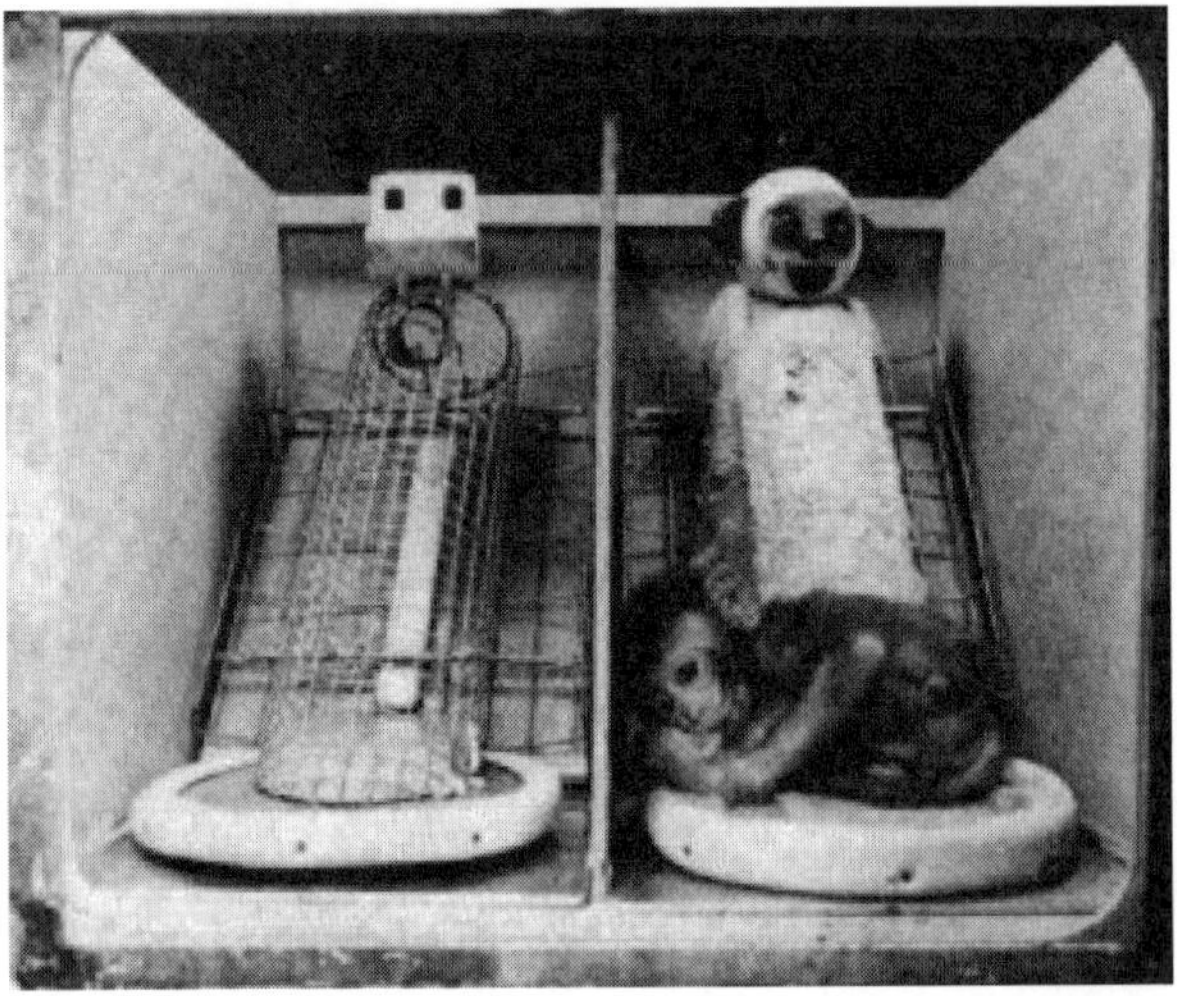

哺乳瓶付きの針金ママと哺乳瓶なしのふわふわママ

ネママと哺乳瓶なしのふわふわママを用いて比較実験を行ったところ、子どもは哺乳時以外は布製の代理母と共に過ごすことを好むということを実験的に示した。空腹を満たすことと心理的な安定は別なのだということを実験によって示したのである。ボウルビィはそれまでの依存（dependence）に代えてアタッチメント（attachment：付着）という概念を提唱した。

これらの研究においても、実の女性の親という血縁や性別ではなく養育者の有無が重要だということが示された。

あえて強調しておくが、日本でそれなりに信じられている「三歳まで実の母が育てるべきだ（したがって母親は家で養育に専念すべきだ）」という考え方は正しくない。そもそも子どもにとって生物学的な親かどうかなどはわからないし、もし実母でなければダメだということがあったら人類は滅んでいただろう。いわゆる「三歳児神話」であり、科学的事実ではない。日本でattachmentを「愛」着と訳したことと無関係ではないかもしれない。

†制度としての臨床心理学の進展――科学者―実践家モデル

アメリカでは、第二次世界大戦間に兵士の多くが精神症状を呈したため、退役軍人管理局が臨床心理学の専門職の育成を求めるようになった。アメリカ心理学会は「臨床心理学における訓練についての委員会」を組織してこの問題を検討した。その結果、臨床心理士として職務に就く者は博士号が必要とされるなど、厳格な方向性を示す勧告がだされた。アメリカでは医師や弁護士などの高度専門職は博士号を取得する課程で育成されるため、それと同じ形にすることで退役軍人管理局の要請に応える仕組み作りを提案したのである。

この勧告を実現するため二〇世紀の中頃にボールダーで会議が開かれた。会議出席者は七三人、会期は二週間。地名にちなんで会議をボールダー会議と呼び、提唱された臨床心

ボールダー会議（pinterest より）

理学の訓練モデルをボールダー・モデルと呼ぶ。
この会議の意義は以下の三つである。

1　博士号学位（PhD）を必要な学位とした。つまり研究者としての要件を重視したこと。
2　医療の現場ではなく、大学の心理学専攻における訓練を重視したこと。
3　臨床心理学者は科学者—実践家モデルに沿って訓練されるとしたこと。

臨床心理士になりたい者は、まず心理学の博士課程を修了して研究者としての実力証明である博士号を取得し、そのうえで臨床心理学実践を行うことを推奨するモデルが科学者—実践家モデルである。アメリカのことは何でもマネしたがる日本において、この制度は取り入れられなかった。大学のあり方がドイツの大学を模倣したものだったからであろう。

†実践と研究における倫理

臨床心理学が対人援助に関する専門サービスを提供する職として発展してその活動が広がると、倫理的な問題に関する関心が高まることになった。

医療においては、古代ギリシャの医師たちによる「ヒポクラテスの誓い」から始まり倫理に関して早くから取り組まれてきたが、ナチス政権下のドイツで医師たちが「人体実験」的な大量殺戮《さつりく》を行っていたことが明らかになると人々に大きな衝撃を与えた。こうした行為は日本の医師たちにも無縁ではないと明らかになっている。こうした反省から「ニュルンベルク倫理綱領」が制定されることになった。

アメリカ心理学会においては、一九四〇年代に倫理問題に関する常置委員会が設置された。これは臨床実践に関するものが多かった。この基準は何度か改訂されて形を変えつつも、世界の心理学界に対しても普及していくことになる。一九七〇年代には、被験者（subject）にかえて参加者（participant）を使う改訂が行われた。

2　精神医学の動向——精神分析、向精神薬、操作的診断

†精神力動論・精神分析の輝き——ユング心理学・アイデンティティ理論

フロイトと訣別したユングは道教の錬金術を通じて曼荼羅に興味を持った。第二次世界大戦後にはスイスにユング研究所を設立し、心理療法の訓練や研究の拠点とした。彼は宗教哲学者、神学者、神話学者、神秘主義者などと幅広く交流して自らの心理学理論を作り上げていった。

ユングは、フロイトに出会う前からすでに統合失調症の患者に対して連想実験を行っていた。彼は、統合失調症患者にみられる陽性症状（幻覚や様々な理解不能なイメージ）を人間の無意識の現れであると考え、のちには人類の集合的無意識が反映されたものであるとして理論化した。

一九五〇年代には精神分析と行動主義の統合の試みも行われた。新行動主義者ハルは催眠現象の検証を試みた。そのハルのもとに、精神分析の教育分析を受けてきたミラー（一

九〇九‐二〇〇二）らが集まり、精神分析の考えを行動主義的に研究し欲求が満たされないと攻撃行動が起きるとする「フラストレーション―攻撃仮説」を唱えた。

精神分析を創始したフロイトは、精神病水準の患者にも関心を持っていたとはいえ、その対象はもっぱら神経症水準の患者であった。統合失調症の治療に適用しようとしたのはサリヴァン（一八九二‐一九四九）である。彼は新フロイト派（社会・文化要因を強調する学派）に連なり、精神医学は対人関係の学である、とした。

そもそも精神分析的な立場は、幼少期の親子関係が発達に影響すると考える傾向にあるため、統合失調症に限らず精神的な問題を抱える者は、その家族の育て方に問題があるのではないかという仮説を唱えがちであった。フロム＝ライヒマン（一八八九‐一九五七）はある種のコミュニケーションパターンをもつ母親を「精神分裂病を作る母親 schizophrenogenic mother」と命名することになった。こうした仮説は研究を活性化させ、ベイトソンらの「二重拘束仮説」へとつながっていった。また、親子関係や家族に焦点をあてて治療を行う家族療法にもつながっていくことになった。

アンナ・フロイトは、自我が苦痛に対処するために防衛機制を働かせることに注目し防衛機制について理論化した。また子どものための心理療法として遊戯療法を重視した。フ

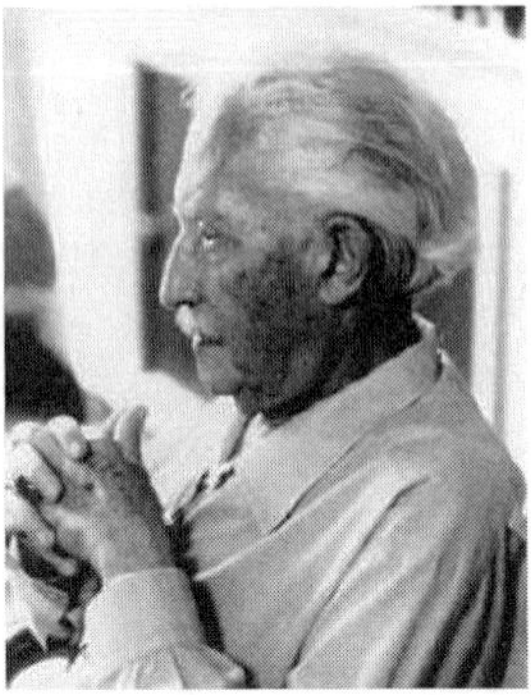

エリク・H・エリクソン

ロイト正統派の衣《い》鉢《はつ》を継ぎつつも人間発達の社会的な側面を重視し、自己同一性（アイデンティティ）という概念を広めたのはエリク・H・エリクソン（一九〇二－九四）である。

ユダヤ系デンマーク人の母から生まれたエリクは、自分の父が誰であるか母からは教えてもらえなかった。自分が何ものなのかが常に揺らいでいたからこそ、自己同一性という概念の重要性が身に迫って感じられたのであろう。彼は精神分析の考え方に忠実であり、発達の後漸成的（エピジェネティック）な側面、つまり、生まれたあとの環境からの影響を重視した。

また、彼は人生の連続性と周期性にも焦点をあて、人間の一生を八つの後漸成的な発達段階に分けて、その時々に固有の問題（と解決）が起きると提唱した。たとえば青年期は、「自己同一性対自己同一性拡散」が発達課題である。「支払猶予期間」を意味するモラトリアムはこの発達課題と向き合うことを先延ばしにする心理的傾向のことである。

「フロイトに帰れ」という主張で、物議を醸《かも》しつつも深い思考を達成したのがフランスのジャック・ラカン（一九〇一－八一）である。ラカンの臨床では、沈黙を重視し、また、中断するほうが良いとも考えていたから、短い面接時間も許容するようになった。こうした方法は、正統派とされる人達からは異端視されることになった。本人に言わせれば、自分がもっともフロイトの考えに近いということになるのだが……。

†向精神薬の発見とその余波

二〇世紀半ばに、精神病に対して効果的な薬の発見が相次いだ。まずリチウムに抗躁作用があることがわかった。次いでクロルプロマジンとレセルピンに抗精神病作用があることもわかった。クロルプロマジンは人工冬眠研究で使われていたのだが、統合失調症の治療に有効であることが判明したのである。さらに抗鬱薬も開発された。こうした一連の開発によって、アメリカなど多くの国で精神病で入院する患者は減少していった。

では、薬が効いたかどうかは、どのようにし

ジャック・ラカン

て把握したら良いのだろうか。コロナ禍における非接触型体温計のように「ピッ！」と計ってくれるようなものがあったのだろうか？　精神症状の場合には、自分では自覚がない場合もあるし、他者からは分からないものもあるので、体温計のようにいかないことは言うまでもない。

だが、必要は発明の母である。薬効を確かめるためには精神症状の軽減を調べる必要に迫られたため、一九六〇年代には、現在でも使われている自己記入式の抑鬱尺度がいくつか開発された。投薬前の状態と投薬後の尺度得点を比較すれば症状の増減（＝薬効）がわかるのである。

向精神薬によって、統合失調症や躁鬱病の「顕著な」症状は確かに抑えることができた。また、薬物の作用機序を逆から考えることで統合失調症や躁鬱病の発症機序の仮説が唱えられることになった。このことは、精神医学を心理学から医学分野へと大きく引き戻すことになった。

ただし、薬効による症状の低減によって精神病の入院患者が減り、入院が短期化した国と入院長期化した国があることには注意を要する。日本は後者に入っている。

†操作的診断基準

ＩＣＤ—11とＤＳＭ—5。それぞれ精神病の診断基準として用いられているが、これらは何がどう違うのだろうか？

ＩＣＤ—11はそもそも二〇世紀に始まった国際的な死因統計に由来する。それが、現在では様々な疾病の中に精神病も含まれており、改訂を重ねて現在に至っている。ＩＣＤは国際疾病分類（International Classification of Diseases）であって精神病だけの診断基準ではない。一方、ＤＳＭはアメリカ精神医学会による「精神障害の診断と統計マニュアル」（Diagnostic and Statistical Manual of Mental Disorders）であり、その対象は精神病のみである。こちらは二〇世紀半ばに始まったものである。

ここで、ＩＣＤもＤＳＭも統計のための基準だということが重要である。統計の基本は数えることであり、そのまた基本はカテゴリーの明確化であり、ＩＣＤもＤＳＭも数えるための基準作りに手間をかけてきたのである。

たとえば、自分は悪魔の子だと信じて鬱々としている人がいるとして、①統合失調症の症状（悪魔の子だという妄想）に抑鬱気分が伴っていると考えるか、②鬱病に抑鬱的な妄想が伴っていると考えるか、で主たる病気の診断が異なってくる。同じ人の症状が異なる診断をつけられるとしたら、統計の意味がないことは明らかである。

また、向精神薬の開発が進むと、診断と治療の関係を明確にする必要が大きくなる。精神病のカテゴリーがバラバラだと薬物の効果を統計的に捉えることが難しくなるからである。こうしたことから操作的診断基準の開発が進んでいったのである。

ただし、開発すればするほど診断名が増えるということがあり、精神病を作り出しているのは操作的診断基準にほかならないという批判もある。

†同性愛が病気でなくなった過程

ＤＳＭは二〇世紀半ばにその第一版が公表されて以来、常に改訂され続けている。改訂の中で取り扱いが大きく変わったものに、同性愛があるので取り上げてみたい。

同性愛はＤＳＭ―Ⅰにおいて性的逸脱の一種であり、ＤＳＭ―Ⅱにおいては精神病の診断名に組み入れられた。すると、社会運動家を含む多くの人々から批判をあびることになり、すぐさま精神病としての診断から削除されることになった。しかし、「性指向障害」という診断名は残り、次いでＤＳＭ―Ⅲでは「自我違和性同性愛」という診断名に変更された。自身に違和感のある同性愛は診断と治療の対象になるということである。最終的に一九八〇年代半ばのDSM—Ⅲ—Rで同性愛は診断名から姿を消した。約三〇年かけて一つの病気がなくなったのである。多様な生き方が認められるようになるまでに三〇年かかった、とも言える。

国際疾病分類（ICD）には一九八〇年代に補助分類として国際障害分類（ICIDH）が作られた。障害が「機能障害（Impairment）」「能力障害（Disability）」「社会的不利（Handicap）」の三つの階層に分けられることになった。

また、二〇世紀末にはICIDHは改訂され、国際生活機能分類（International Classification of Functioning, Disability and Health : ICF）となった。障害および障害者への社会の見方が変わってきていることがわかる。障害というものではなく、障害がありつつ生きる人がどのように生きるのか、ということを支援する分類になっているのである。

3　心理療法の効果

†アイゼンクの効果研究とそれへの反論

アイゼンクは、精神病院で何も介入を受けずに退院する人の率を自然治癒率であると見なし、その率と精神分析など心理療法による治癒率（文献レビューによる）の比較を行った。すると、前者が七二パーセントであるのに対して、精神分析は四五パーセント、その他の心理療法でも六四パーセントであった。

彼の論文によって心理療法の効果に疑問が呈されたのだが、一方で彼のやり方も比較方法が正しくないなどの批判を受けた。その結果として、適切な統制群を用いた研究やメタ分析による効果の研究が盛んに行われるようになっていった。

イギリスで特に効果研究が盛んな理由としては、経験主義の母国であることに加え、イギリスの国家的医療制度（National Health Service：NHS）が心理療法にかぎらずすべての医療に関して費用対効果に敏感だということがあげられる。

†ケース・フォーミュレーションの萌芽

イギリス・モーズレー病院では、アイゼンクの影響もあって効果が確実な心理療法である行動療法が盛んになりつつあった。そして、ケース（事例）として現れる来談者のその人ならではの問題、つまり個人の固有の来談理由となった問題について、綿密な面接と観察に基づいてその状態に至るまでのプロセスについて仮説を立て、その仮説に基づいて介入を決定することが重要だと考えられるようになっていった。つまり、どのような介入がどのような改善をもたらすかを予め《あらかじ》検討することを重視するようになったのである。

これがやがてケース・フォーミュレーション（事例の定式化）として整備される。ケース・フォーミュレーションを行うことで、見通しも立てられるし、そこからの逸脱をモニター（監視）することで失敗も予防でき、最終的な成果到達の可否についても理解しやすくなる。現在では、行動療法のみならず他の心理療法（力動論的なもの等）にも適用されるようになってきている。

†心理療法の効果

メタ分析とは、知見の統合のために多くの研究の結果を統計分析することである。その嚆矢《こうし》は、カール・ピアソンによって発表された腸チフスに対する予防接種の効果検討であるとされる。ただし、ピアソンのこの研究では効果は否定された。

一九九〇年代、ランバートが様々な心理療法の治療効果を検討するために「クライエントの変化にとって有効な治癒的要因」として以下の四つの要因が共通要因ではないかと指摘し、その相対的な割合を提示した。ただし、相対的な割合を導くにあたって「統計的な手法は使っていない」とのことである。

さて、彼によると、セラピーの効果のうち、①四〇パーセントは治療外要因（自然治癒）、②三〇パーセントは共通要因（治療関係要因＝セラピストとクライエントの「治療同盟」）、③一五パーセントはクライエントの期待（プラセボ効果など）、④一五パーセントは技法要因と関係があるとのことであった。この論文のパーセンテージ表記はそれぞれの要因の効果を大づかみに捉えるために有効だと歓迎された時期もあったが——繰り返しになるが——ランバート自らが論じているように科学的な根拠はないことに注意が必要である。

目分量でこのようなことを唱えたのにその説が広まっているのは、多くの臨床家の実感に合致しているからかもしれない。

†経験的に支持された処遇

二〇世紀後半になると、医療の世界で「科学的根拠に基づく医療」という流れが生まれ、それが心理療法にも波及した。「科学的根拠に基づく医療」とは、目の前にいる具体的な患者の治療選択に際して、それまでに得られている広範なデータを証拠として用いて最良の選択を手助けし、その選択された医療を提供することである。

具体的には医師の臨床能力、患者の意向、臨床疫学的根拠の三つがその都度統合されて患者側の立場から医療選択がなされることである。これは決して医師側によるマニュアルに追従する医療の提案ではない。つまり、それ以前の医療は、医師がその臨床経験に基づきパターナリズム（父権主義）的態度で診療にあたっていたとも整理できる。

心理療法においても、こうした風潮の影響を受けてセラピストの側が自身の経験に基づいてカウンセリングや心理療法を選択するのではなく、「根拠に基づく」カウンセリング・心理療法を選択して行おうという動きがでてきた。

ただし、こうした実践を行うにあたっては、介入ニーズの根拠となる状態、選ばれた心理療法、治療効果、のそれぞれについて、定義を行ったうえで臨床データを集積する必要があるため、認知行動療法など、一定の条件を満たす心理療法が中心になりやすい。選択の幅が狭くなるようでは本末転倒になってしまいかねないことには注意を要する。

面白いことに、科学的根拠に基づく医療が取り入れられるようになるとイギリスではナラティブ（もの語り）に立脚する医療が重視されるようになった。根拠に基づく実践とナラティブに基づく実践は、二項対立的なものではなく相補的に用いられるようになるのである。医療における治療選択で戯画的に説明すると以下のようになるだろう。

何もしなければ全員が一年生存すると分かっている病気がある。治療Aは成功率1／2で成功した場合、三年生存することが分かっている。治療Bは成功率1／4だが成功した場合八年生存することが分かっている。これらについて期待値（成功率×生存年）を算出すれば、以下のようになる。

治療なし　1／1×1＝1
治療A　1／2×3＝1.5

治療B　$1/4 \times 8 = 2$

この場合、期待値が一番大きいのは治療Bだから全員が治療Bを選択するということになるだろうか？　おそらくそうはならないだろう。

個別の人の状況や未来への展望その他のことで、それぞれの患者は自分だけの物語を立ち上げざるを得ない。もちろん家族や重要な人達とも相談する必要があるだろう。医療提供側はそうしたナラティブに寄り添うことも医療の重要なプロセスになっていくのである。

こうした情勢は心理療法にも影響を与えることになった。なお、心理学の世界からナラティブの重要性を唱えたのはジェローム・ブルーナー（一九一五－二〇一六）である。

ジェローム・ブルーナー

また、ナラティブ・セラピーのように心理療法にナラティブの考え方を組み込む動きも出てきた。来談者の訴え／解決すべき問題を一つのナラティブとして考え、その物語の書き換えを目指す技法である。ある問題を問題として構成するようなドミナント・ストーリーとして来談者を支配する物語を書き換え、代替物語（オルタナティブ・ストーリー）を構築するという意味では、構築主義・構成主義の流れを汲んでいることになる。

4　ストレス・PTSD・PTG

†セリエの〝汎適応症候群〟

カナダの生理学者ハンス・セリエ（一九〇七－八二）は、様々な有害な状況（例＝寒さ、外傷）を作り出してその環境にネズミを置いてみたところ、個別の有害要因に対して特異的な症状群だけでなく、どの有害要因に対しても引き起こされる共通の症状群（①副腎皮質の肥大　②胸腺・全身のリンパ節の萎縮　③胃・十二指腸の出血や潰瘍）があることを見出し汎適応症候群と名づけた。一九三〇年代のことであった。

そのセリエがアメリカ心理学会において講演を行ったところ、ストレッサーリストの末尾に、退屈、恐怖、不安などの心理学関連用語があったため、心理学者にも関心をもたれることになった。退屈、恐怖、不安がストレスを引き起こすというのであれば、心理学がストレスの原因に関わることができ、原因に関わることができるなら予防や改善のための介入（心理療法）もできる可能性がある。

その後、心理学の立場からストレスの研究を進めたリチャード・ラザルス（一九二二－二〇〇二）は、ストレス概念を「個人の資源を超え、心身の健康を脅かすものとして評価された人間と環境とのある特定な関係」と定義した。ここで評価とは個人的意味づけのことであり、狭い意味での評価（例えば善悪の評価）ではない。

ハンス・セリエ

一方で、社会学の立場からホルムズとレイはストレスを「日常生活上の様々な変化に再適応するために必要な努力」として捉えた。この社会学的な考えでは、入学や結婚など一般的にはおめでたい出来事であっても、再適応に努力が必要であるから、良し悪しとは別にストレス的な出来事であるとされることになる。配偶者の死を数値一〇〇とし、結婚を五〇としたとき、親友の死亡は

三七、学校が変わることは二〇、クリスマスは一二であるという。

†ストレス概念の心理学化──ソーシャル・サポートとコーピングの取り入れ

ラザルスが主導する心理学的ストレス学説において、同じような出来事を経験した人たちのうち、ある人は心理状態が悪化するのに、ある人は悪化しないということを説明する必要が出てきた。

そこで取り入れられたのが、ソーシャル・サポート（対人的支援／社会的支援）やコーピング（対処）という概念である。同じようなネガティブで大きなストレスとなる出来事を経験したとしても（1）ソーシャル・サポートが手厚ければ精神的状態が悪化しない（2）対処する選択肢が多く実際に対処する力があるならば精神的状態は悪化しない、ということが基本仮説となる。

社会的な人間関係と健康や精神状態が関連するという仮説は一九六〇年代以降から検討されはじめ、一九七〇年代後半には鬱病に関して女性を対象にした研究が行われた。深刻な出来事がおきても親しい友人などが一人いれば鬱病になりにくい、という成果が注目を集めるようになった。ソーシャル・サポートが予防的に機能するということが示されたのである。

また、ソーシャル・サポートに関しては人間関係や社会的ネットワークそれ自体が健康(精神健康も含む)を増進すると考える直接効果仮説と、出来事があったときにのみ社会的ネットワークが意味を持つとする間接効果仮説(ストレス緩衝効果仮説)の対立もあったが、一九八〇年代以降は後者が優勢となった。

ラザルスは二〇〇〇年代に『ストレスと情動の心理学――ナラティブ研究の視点から』を刊行した。ナラティブとはもの語りである。自分自身に起きた出来事について、自分なりの意味づけを重視することが重要だということである。

少し話はずれるが、筆者が勤務する立命館学園では二〇三〇年を見据えた学園ビジョンとして「挑戦をもっと自由に」を掲げている。このことの意味は、挑戦した後の成功も失敗も「価値あるものとして意味づけていこう」ということである。

成功だけが価値ある出来事ではない。たとえ失敗に終わった挑戦であっても、その挑戦には意味があるということである。失敗も成功も含めて挑戦することが重要なのであり、その場での成功/失敗という意味づけだけではなく人生の文脈における意味づけこそが重要になるのである。

表５　Trauma を「心的外傷」の意味で使った論文の流れ

1887	ピエール・ジャネが『哲学批評』の論文で心的外傷という意味でのトラウマという術語を使用した
1893	ブロイアーとフロイトが『神経学中央雑誌』で「ヒステリー現象の心的機制について」を発表した
1894	ジェームズが『心理学評論』にて上記ブロイラー＆フロイト論文を「心的トラウマ」の問題として紹介した
1895	フロイトとブロイアーがその共著『ヒステリー研究』の初版序文で心的外傷としてのトラウマに言及した

†トラウマとストレス、心的外傷後ストレス障害（PTSD）

トラウマ（trauma）の語源はギリシャ語の「τραῦμα」に遡り、本来的な意味としては身体的な外傷、それも大きな傷のことである。それが一九世紀以降に、大きな出来事の経験者の心的な外傷という意味が付与されるようになり、神経症の原因として注目を集めることになった。

鉄道事故、虐殺、戦争、性的虐待、自然災害は大きな力で人間のライフ（生命・生活・人生）に襲いかかってくる。生命を落とさずにすんだ生き残った者（サバイバー）が経験したことについて、身体的な傷のみならず心的な傷跡もあるのではないか、とする考えが生まれてきたのである。

ちなみに鉄道事故の被害者が経験する神経症は、一九世紀のイギリスで鉄道脊椎（症）と呼ばれていたこともある。事故が脊椎に何らかの微細な影響を与えているのではないか、

表6　PTSDの主要症状

1　再体験
外傷的な原体験が、繰り返し思い出されたり、夢に出てくる
2　回避
原体験を思い起こさせる状況や場面を、意識的／無意識的に避けること、また、感情や感覚などの反応性が麻痺すること
3　過覚醒
交感神経系の亢進状態が続き不眠やイライラなどが経験される

という考えを表した病名である。

トラウマに関して、ある時点から大きな事故のあとの傷には心的な成分が含まれているのではないかという考え方が広まってきた経緯は以下のようである。

こうした現象について、DSM－Ⅰに粗大なストレス反応が診断名として採用された後、第二次世界大戦における死の収容所経験、戦争捕虜経験などの戦争に関する経験のほか、火事・地震・航空機事故などの経験も視野に入れた研究がなされた。しかしDSM－Ⅱでは粗大なストレス反応は診断名から姿を消した。

PTSDが注目を集めたのは、アメリカ精神医学会の診断と統計の手引き第三版（DSM－Ⅲ）において外傷後ストレス障害が診断名として取り入れられたからであろう。

DSM－Ⅲにおいて、PTSDを誘発するのは「通常の人間の体験を越えたもの」であるとされたが、DSM－Ⅳにおいてはこのような限定は削除された。なお、ＰＴＳＤの定義はＤＳＭの版が変わるごとに変更されるが、主要症状は再体験（想起）、回避、過覚醒の三つであるとされる。

†ＰＴＳＤの治療法とレジリエンス

ＰＴＳＤの治療法は他と同様に、薬物療法と心理療法に大きく二分される。二一世紀の現在において最も支持を集めているのは持続エクスポージャー法である。

これは認知行動療法の一つに位置づけられ、ＰＴＳＤの原因となった出来事に関連する事象に自身を曝露《ばくろ》していくこと、それを一度きりではなく、何度も行うこと、そしてそれを可能にする安定した環境を構築すること、を行う心理療法である。ＰＴＳＤは過去の経験と同じような情動を経験することが問題になるのだが、同じような情動に曝《さら》されたとしても現時点は過去の経験そのものではないのだ、ということを体験できるようにするのが持続エクスポージャー法である。過去と現在の切断という機能があると言える。

イスラエル生まれで不安障害および性犯罪被害後ＰＴＳＤの治療の実践・研究に従事していたフォアは、一九世紀末に母国イスラエルで研究休暇（サバティカル）を取った。そのとき、イスラエルによるパレスチナ軍事占領に対する民衆蜂起（第二次インティファーダ）が起きたことから、戦争関連のＰＴＳＤとその治療に関心をもつことになったという。

また、治療／治癒とは別に、人間の回復力のようなことに関心が寄せられるようになった。それがレジリエンスである。レジリエンスとは、ストレスやトラウマからの回復可能性や心理的な弾力可能性、を示す言葉である。元をただせばラテン語の resilire という動詞に由来するもの（反動で跳ね返る、跳び戻るという意味）である。

ストレスやＰＴＳＤという考え方は、出来事の負の影響について焦点をあてることになるが、実際にはそうした出来事を経験したとしても、悪い影響を蒙《こうむ》らない人も少なくないはずだ。親がいなかったり、精神疾患だったとしても、そうした環境下でも良好な発達をする子どもたちの研究から、レジリエンスという概念が導かれてきたのである。

さらに、ボウルビィの愛着理論や虐待の世代間連鎖について検討を行ったラターは、早期における養育環境が劣悪であっても、そのすべての乳幼児の発達が阻害されるわけではないとした。彼はレジリエンスについて「人が逆境に遭遇した際の精神疾患に抵抗し、健康な発達をとげるための防御機能」という定義を行った。

このような研究や概念化は、のちのポジティブ心理学の考え方にもつながっていったと思われる。そして、一九九〇年代になるとがんなど重篤な疾病を経験した人が心理的な成長を遂げることに注目したテデスキーが心的外傷後成長（Post Traumatic Growth：PTG）という概念を提唱することになる。

第5章

臨床心理学の新展開

一九六〇年代以降になると様々な心理療法が発展したが、それらは独自な体系として存在しており、また、それぞれの効果についての評価も十分でない場合もあった。二〇世紀の後半になるとこうした様々な体系を統合する気運が高まっていく。

1　心理療法の多様な展開

†芸術療法――芸術の力を活かした心理療法

芸術を媒介にして行う心理療法を芸術療法と呼ぶ。したがって、芸術の数だけ芸術療法があることになる。

実際のところ、絵画、音楽、舞踏、コラージュ、俳句など様々な芸術について、本人が行うだけでなく鑑賞も含めて、実に多くの芸術療法が存在する。すでに扱った心理劇も劇という芸術を媒介にしているという点からすれば芸術療法である。言語を媒介としない心理療法が可能になるのが芸術療法の強みの一つである。

イギリスでもアメリカでも一九六〇年代にアートセラピー協会が設立され、研究・実践のネットワークが構築されている。以下では、具体的な芸術療法の一つとして音楽療法について見てみたい。日本音楽療法学会による音楽療法の定義は、「音楽のもつ生理的、心理的、社会的働きを用いて、心身の障害の回復、機能の維持改善、生活の質の向上、行動の変容などに向けて、音楽を意図的、計画的に使用すること」である。

一八世紀にメランコリーで苦しんでいたスペイン国王フェリペ五世をファリネリという声楽家が回復させた、などの逸話的な例はあるものの、音楽療法が本格的に展開するのは二〇世紀になってからである。当初は慰問の一種としての演奏活動だったものが、音楽の演奏によって心理療法的な効果を得られる場合があるとわかり治療の一環に用いられるようになっていく。アメリカでは第二次世界大戦を終えて帰還した兵士を対象にした音楽療法が行われた。様々な大学に音楽療法の課程が設置されていくことになった。

芸術療法は、心理学や心理療法の知識や技量とは別に、それぞれの芸術活動そのものに長じている必要があるため、たとえば音楽療法は、心理学専攻・心理学部よりは、音楽に関する学部や専攻で育成が行われる傾向にある。

†ミルトン・エリクソン『短期催眠療法の特殊技法』

短期療法という考え方やテクニックも一九五〇年代以降に盛んになったものであり、その主役は催眠療法家として知られる精神医学者ミルトン・エリクソン(一九〇一－一九八〇)である。彼はポリオのため全身麻痺状態となっていたことがあり、そのときに非言語的コミュニケーションに関心をもった。そして、自分や人を観察する術を身につけ、非言語的コミュニケーションの重要性に気づいたという。のちにウィスコンシン大学で医学を修めているときに、新行動主義者としても知られるハルが催眠のデモンストレーションを行っているのを見る機会があり、催眠に関心を持つようになった。

エリクソンは心理療法の実践において問題解決を重視し、クライエントが解決を望む問題を素早く解決することが重要だと考え、＊＊療法や△△技法にこだわるのではなくそれが可能になる様々な手段を使うべきと考えた。彼が一九五〇年代に出版した『短期催眠療法の特殊技法』は、催眠療法のみならず心理療法における短期心理療法(ブリーフサイコセラピー)の原点だと評価されている。

†行動療法の展開——スキナーとアイゼンクの貢献

行動療法とは行動の理論に基づく心理療法であり、その基礎は第二次世界大戦前に築かれていた(第2章第3節)。その当時は精神分析の理論や実践が主流であり、心理療法における行動療法の影響は限定的なものだったが、のちにイギリスではアイゼンク(一九一六-一九九七)が、アメリカではスキナー(第2章第3節)が(それぞれ自身では臨床実践を行わないにもかかわらず)理論的観点から行動療法の有用性を唱えるようになった。

すでにオペラント行動の原理を提唱していたスキナーは、一九五〇年代になると随伴性(contingency)という概念が心理療法や教育に適用可能だと考えた。また、精神病患者の自発行動のうち適応的な行動を、社会的報酬を含む強化子によって強化し(オペラント条件づけ)、それが適切に一般化することを目指す手続きを試みる研究を始めた。こうした手続きは古典条件づけの原理に立脚する行動療法と区別するために行動形成/修正と呼ばれることになった。

スキナーのもとでビジュー(一九〇八-二〇〇九)が、オペラント条件づけを子どもの機能不全や問題行動に対して適用することを試みた。施設のスタッフから学習不可能と思われていた子どもが、ミルクと砂糖を混ぜる行動を獲得することができたときには――それまでオペラント行動の理論が人間に適応可能かどうかは疑われていたこともあり――多くの人が感動したという。また、ビジューは好ましい行動に対する報酬（ハグやキャンディ）が好ましい行動を増やすこと、罰は問題行動を減らすために有効ではないこと（たとえばタイムアウト法が有効である）を示すなど、オペラント条件づけの原理を臨床実践に導入する先駆者となった。

アイゼンクは、ナチス・ドイツを逃れて亡命したイギリスで病院勤務の心理士として活動した初期の一人であり、南アフリカ出身のシャピロとの協働作業を通じて、イギリスでの行動療法の地位向上に努めた。一九六〇年代に共和国としてイギリス連邦から脱退したとはいえ、南アフリカはイギリスの知的な影響を受け続けていた。

南アフリカの精神科医ウォルピ（一九一五－一九九八）は、第二次世界大戦中に軍医として精神分析を用いて戦争神経症の患者の治療に従事していたが限界を感じていた。そして彼は神経症行動を「誤った（古典的）条件づけ」によるものと考え、不安を生じるような条件刺激のもとで、不安と拮抗する条件反応（リラックス）を生起させれば良いと考えるようになった。このプロセスが逆制止と呼ばれるものであり、ウォルピは逆制止を起こすためのプロセスを系統的脱感作法として技法化した。

患者・クライエントはまず身体をリラックスさせる行為を身につける。ここで大事なのは、リラックスは状態ではなく行動だと考えることである。そして、リラックスという行動をした状態で不安を喚起する状況を思い浮かべるのだが、ヘビ恐怖の人がヘビが近づいてくる状況を思い浮かべたら大変である。まずはちょっとした不安喚起状況を思い浮かべ、身体のリラックスによって、その不安を喚起させないようにする。それが可能になったら少し強い不安状況を思い浮かべる。このように小さな不安状況から大きな不安状況の一覧を作っておく必要があり、それを不安回想表と呼ぶ。

たとえば高所恐怖の人がデートでスカイツリーの展望室に行こうと誘われたとする。あまりに恐怖でそのようなことは考えることもできないし、もちろん行くこともできない。そうなると相手から見放されるかもしれない。このような状況でスカイツリーの展望室に行くことを恐怖度一〇〇と設定する。そして、まったく恐怖じゃない状態の間に一〇くらいの強度の異なる恐怖状況を設定するのである。たとえば、マンション二階の居室から下を見ることは恐怖度一〇にするとか、外を見ることができるエレベーターで一〇階まで登ることは恐怖度三〇にするとか、自分なりの階層表を作り、弱い順番に系統的に脱感作するのがこの手法である。
そしてアイゼンクが、ウォルピの系統的脱感作法をヨーロッパに紹介した。

†家族療法——アッカーマン『家族生活の精神力動』

家族を単位とした心理療法である家族療法が現れたのも一九五〇年代であった。それを駆動したのは精神分析の流れであった。アッカーマン（一九〇八‐一九七一）は子どもの心理療法を行うときに、母親とも同時に面接すると有効であると考えて実践した。当時の精神分析学派からは異端視されたのであるが、彼は家族を心理・社会的な有機体として捉えることの重要性を指摘し、家族を全体として捉え、家族関係の診断や治療も心理療法に取り入れられるべきだと考えたのである。

ボーエン（一九一三‐一九九〇）は統合失調症と家族の関係に焦点をあてた。それまで、家系研究という形で遺伝に着目した家族研究は行われてきたが、そうではなく、夫婦におけるカップル成立（お互いの選択）や、子どもが生まれたときの夫婦、母子、父子という三つのペアの関係性のあり方に焦点をあて、統合失調症の発症に家族のあり方が関係するとしたのである。そして、家族全員を入院させるという家族療法的な統合失調症の治療を提案した。

やがて家族療法はシステム論と結びつき家族システム論を生成することになった。また、家族を対象とすることで比較的短期に治療効果を得ることができる場合があり、短期（心理）療法にもつながっていった。

このほか、スラム街などの貧困家庭のセラピーに従事したミニューチン（一九二一－二〇一七）は、家族にはある種の構造が必要であるという考えから家族療法によって家族構造の再構築を促す必要があると考えて、必要な介入の技法を生み出した。

2 論理療法・認知療法から認知行動療法へ

†論理療法・認知療法

二〇世紀の心理学は、意識ではなく無意識のような深層を重視したり（精神分析）、あるいは客観的に捉えられる行動を重視した（行動主義）。また同時に人間の生後の環境を重視するようになった。だが、一九五〇年代になると人間の主意的な側面・認知的側面への関心が高まり、臨床心理学の領域にも影響を及ぼしはじめた。

アルバート・エリス（一九一三－二〇〇七）は心理学を修めつつ精神分析の訓練を受けて実践に従事した。だが思うようにいかず認知的、行動的技法を取り入れた心理療法を工夫して「論理療法」を提唱した。のちには論理情動行動療法となる。

エリスは従来の心理療法との違いをＡＢＣＤＥで説明した。まずＡＢＣである。

Ａ　Activating event はその人にとっての大きな出来事や経験

Ｂ　Belief はその人の（非合理的な）信念体系

Ｃ　Consequence はその結果（落ち込む、何かの問題）

ここにおいて、Ｃすなわち結果は、Ａという出来事の直接的な結果ではなく、Ｂすなわち信念体系が媒介して生じるとした。たとえば、ある友達に嫌なことを言われて落ち込むというとき、嫌なことを言われるのがＡで、落ち込むのがＣだとする。このとき、「誰にでも好かれなければいけない」というような非合理なビリーフがあるとすれば、それがＢであり、そのＢをターゲットにして介入を行う必要がある。

そこで、非合理的な信念（〜でなければならない、〜であるべき）を合理的な信念へと変えるために、DEが必要となる。

D　Dispute は（非合理的な信念に対して）反論する

E　Effect は（合理的な信念体系を身につけ、症状の改善が図られるという）効果

この頃、医学を修めつつ精神分析の訓練を受けて鬱病の治療実践に従事していて、鬱病者の独自の認知様式（歪み）があることに着目したのがベック（一九二一－二〇二一）である。彼は一九六〇年代にこの独自の認知様式を捉えるための抑鬱尺度も開発した。また、認知の歪みを治療対象とする認知療法を提唱した。

アーロン・ベック

認知療法は、認知の歪みを、何かを自動的に考えてしまうこと、そのときの感情に対応すること、そのきっかけを同定することからなる体系であるとして、歪みを除去して抑鬱をなくそ

うとする心理療法であり、薬物を用いない療法として評価を高めていくことになる。

†セリグマンの学習性無力感、バンデューラの自己効力感

すでに第2章第3節で述べたように、一般には学習とは勉強することだと捉えられている。心理学では行動を形成していくことを学習と呼ぶ。では、勉強のやる気を失うことを学習することはできるだろうか？

セリグマンは、イヌにブザーを聞かせたあとで電気ショックを与えて、しかし、決して逃げることのできない状況を作り出した。その後、逃げられない状況は解除して（つまり、自由に逃げられる状況を作って）から、イヌにブザーを聞かせてそのあとに電流を流す実験をした。このとき、ブザーは条件刺激となるから、イヌの逃避行動を促すはずである。ところが、イヌたちは、ブザーを聞くとうずくまるようになってしまった。イヌが「どうせ逃げようと思ってもムダだワン！」と吠えたかどうかは定かではないが、いずれにせよ電気ショックから逃げようとせずそれを甘受するようにうずくまってしまったのである。

セリグマンはイヌがこうした状況で逃げないのは、ブザーと電気ショックの関係を理解した上で「逃げることができないという一連の関係性」を認知学習した結果であるとして

学習性無力感理論を提唱した。「反応—結果の非随伴性の学習」である。この理論は一九七〇〜八〇年代にかけて鬱病の行動心理学的理論を提供することになった。

その後、セリグマンは鬱病への治療的介入を単にマイナスをゼロに戻すことに使うだけではなく、ゼロをプラスにあるいはプラスをもっとプラスにすることもできると考え、ポジティブ心理学（個人の人生や社会をより良くしていこうとする心理学の一分野）を提唱し、二一世紀の心理学をリードすることになる。

行動主義的な学習理論に認知要因を重視するきっかけを作ったのがバンデューラ（一九二五-二〇二一）である。彼が扱ったのは観察学習である。人間は直接的な学習だけではなく、他者の振るまいに学ぶことも多いということ（間接的な学習）を一九六〇年代以降に明らかにした。それはそうだ。ある毒キノコを食べて苦しんでいる人を見て何も学ばず、自分が同じ毒キノコを食べて苦しむまで学ばないというのであれば、人類は滅んでいたことであろう。

実際には自分自身が直接強化されなくても、モデルとなる人物の行為を観察することだけで行動を形成することを、バンデューラは社会的学習と呼んだ。面白いことに、子どもの場合、大人よりも子どものモデル人物を、自認する性が一致するモデル人物をそうでないモデルよりも、取り入れることが分かっている。「自分は男の子だ！」と思う子どもは、大人の女がやることよりも、男の子がやることを社会的学習として取り入れるのである。

やがてバンデューラは自己効力感に着目する。ここで自己効力感とは、ある課題状況で「～という結果が起きる行動を自分はうまく行える」という自己知覚を持つことである。そして、自己効力感を測定する尺度を作成して利用したところ、自己効力感が症状消失の良い指標となるばかりか、自己効力感を操作することによって心理療法（行動療法）の達成をより容易に確実にすることが可能になる道が開けたというのである。

バンデューラの実践ならびに理論は、モデリングから始まり社会的学習理論を経由して社会的認知理論へと至り、自己効力感の理論を生み出すことにより行動療法ならびに認知行動療法の発展に大きく寄与した

†行動療法の広域・狭域の争い

アーノルド・ラザルス（一九三二－二〇一三）は、南アフリカでウォルピ（本章第1節）と共に行動療法を実践・研究していた。ウォルピとラザルスは、アサーション（主張）行動が神経症反応と拮抗《きっこう》することに着目した。拮抗とは一緒にはできないという意味である。

彼らは怒り感情の表出を含む主張行動のトレーニングを行うことで不安に拮抗する反応を生起させることを考え、アサーション・トレーニングというプログラムを開発した。

なおウォルピもラザルスも行動療法において療法家が患者／クライエントと良い人間関係を結ぶと治療効果を高めるということを指摘していた。行動療法は他の心理療法と異なり冷たい人間関係しか結ばないというイメージを持つかもしれないが、それは誤解である。

その後ラザルスは一九七〇年代にイェール大学の訪問教授（臨床訓練のディレクター）となった。しかし、いわゆる「刺激—反応」パラダイムのみでは行動療法、ひいては心理療法が限界に行き着くことを感じており、『行動療法をこえて』を出版し行動的介入と認知的側面を統合した「広域認知行動療法」を提唱した。

これは、ウォルピらの行動療法が「狭域行動療法」であると指摘することにもなったため、両者とその支持者による大きな論争が巻き起こった（ウォルピの側にたって、ラザルスの広域認知行動療法を批判した人物の一人にアイゼンクがいる）。

ラザルスは、行動療法の治療効果をもたらしそれを維持するためには、行動、生理、認知、人間関係、感覚、イメージ、そして情動、といった多くのモードを包括する必要があると考えるに至り、これをマルチモーダル・セラピー（多層的療法）と名づけた。

†マインドフルネス——認知行動療法の第三世代

行動主義に基づく行動療法は、行動に働きかけることでのみ行動の増加・減少・修正・変容を行うことができるのであるが、認知要因を組み込むことで、介入方法の種類に様々なバリエーションを持てるようになった。そして、それぞれ独立に発展していた論理療法や認知療法との融合がはたされることになり、二一世紀の現在では行動療法・認知行動療法として知られるようになっている。

ここまでが、行動療法・認知行動療法の第一、第二世代である。すなわち、行動にターゲットを絞った第一世代、ターゲットを考え方や認知の歪みに広げたのが第二世代（認知療法もしくは認知療法と行動療法を体系的に組み合わせた認知行動療法）である。

そして今では第三世代が勃興している。行動療法・認知行動療法の第三世代は、認知の「構造」ではなく「機能」を対象にしてマインドフルネス瞑想やアクセプタンス（受容）を重視した新しい認知行動療法のかたちである。

マインドフルネス瞑想は欧米の概念ではなく仏教に由来する。カバットジン（一九四四―）が一九八〇年代頃から普及させたものであり、瞑想呼吸法などのエクササイズを行い、心と身体への気づきを促す。マインドフルネス（Mindfulness）はパーリ語のsatiの英訳であるが、このsatiを日本語では「念」と訳す。この漢字が今と心で成り立っていることはsatiの意味をよく伝えているし、マインドフルネスの意味も明らかになる。過去や未来のことなど考えずに「今、心する」ということである。現在のみを徹底的に体感するとでも言えようか。

マインドフルネスを用いた療法としてはマインドフルネス認知療法、アクセプタンス＆コミットメント・セラピー（Acceptance and Commitment Therapy: ACT）、弁証法的行動療法などがある。マインドフルネス認知療法は、ティーズデールが開発したプログラムである。

ヘイズ（一九四八-）はスキナーの行動分析的な言語観にたち、関係フレーム理論を提唱した。不安の対象が際限なく拡大していくことを認知的フュージョンとして概念化し、それは言語がもつ負の機能であるとした。機能的文脈主義の立場に依拠しながら認知的フュージョンの生起メカニズムを解き明かし、それを克服するための技法を提供するのが関係フレーム理論である。

そしてヘイズはアクセプタンス＆コミットメント・セラピー（ＡＣＴ）を提唱した。Ａ

ＣＴの中核モデルは心理的柔軟性の実現にある。行動分析学に基づきながらも心理という語を用いているところに、わかりやすさを重視する姿勢（あるいは柔軟性）がよく現れている。

3　発達／適応と社会との関係の再構成

†注意欠陥障害と学習障害の提唱

多動、衝動的な行動、不注意などの生活上の問題行動をもつ子どもは、親や教師からいわゆる「困った子」であると認識されて扱われるのみで、それに診断名がつくとは考えにくい時代が長く続いた。

一九四〇年代になると、検査では見つからないほどの微細な損傷が脳にあることが原因だという仮説が唱えられたり、劣悪な養育スタイルなど生まれた後の環境が原因だという仮説が唱えられたりしたが、決定的なことはわからなかった。そこで、原因探しではなく表に現れている症状を描くことで子どもの実態に迫ろうという考え方が生まれてくることになった。

まず、一九六〇年代までに「学習障害(learning disabilities)」という考え方が提唱された。知能が低いわけではなく、また発達に遅れがあるわけでもないのに、学習成績がふるわない子どもたちのことを示す概念である。現在の日本ではLDという略語が広く用いられている。この概念化によって、知的な遅れによる学習の遅滞と学習障害が区別され、障害としての学習障害を統合的に研究・実践する基盤が生まれたのである。

一九八〇年代になるとアメリカ精神医学会のDSM—Ⅲにおいて「注意欠陥障害」(ADD)が定義され、さらに成人のADDが「注意欠陥障害、残遺型」として定義された。その改訂版である、「DSM—Ⅲ—R」においてADDは「注意欠陥多動性障害」(ADHD)と改められた。アメリカ障害者法(ADA)が成立したときには、ADHDも障害として認められることになった。

†コミュニティ・予防

一九六〇年代のアメリカでは当時のケネディ大統領の後押しもあり、地域精神衛生という考え方が広まった。少し遅れてコミュニティ心理学が提唱され、「治療よりも予防」、

「生態学的視座」などの独自の視点が確認された。医学モデル（原因に働きかける治療）とは異なる視点から健康を考えるためにコミュニティの持つ機能が注目されたのである。

こうした考え方の背景にはキャプラン（一九一七－二〇〇八）の予防精神医学があった。彼は精神医学における予防を一次、二次、三次予防の三つの段階に分けることを提唱し、定義づけた。第一次予防は発生予防、第二次予防は発病後の維持・悪化の予防（早期治癒）、第三次予防は治癒期における不利益発生の予防である（再発予防も含む）。

†人種とジェンダーに心理学はどう関わるか――生得的か社会的か

ヒトという同一種内部の区別・分類を人種や民族で行うことは科学的な根拠がないと言われて久しいが、一方で、アーリア民族を優遇しユダヤ民族を絶滅させるという国家（ナチス・ドイツ）がかつて存在したり、白人と非白人を分離・隔離する政策をとる国家（南アフリカ）がかつて存在したり、隣国ウクライナとは同一民族であるから自分たちの安全保障のためには軍事侵攻してもかまわないとする国家（ロシア）がある以上、人種や民族は虚構だと正しく指摘したとしても、かえって現存する様々な国や地域で同様の差別や偏見を見えにくくするだけであろう。つまり、人種や民族がないという前提で行動することは社会科学的に日和見《ひよりみ》的立場になるわけであるから、むしろ民族という記号が何を維持して支えているのかを見ていく必要がある。

アメリカでは一八六〇年代に行われた市民戦争・内戦（南北戦争）が終結したことにより、黒人差別はなくす方向で国家が一致したはずであるが、実際には二一世紀に至るまでその理想が達成されたとは言いがたい。そのアメリカで一九五〇年代に衝撃の研究が報告された。

ケネス・クラーク（一九一四－二〇〇五）とマミー・クラーク（一九一七－一九八三）夫妻が、「黒人形・白人形テスト」調査を行ったのである。このテストは黒人の子どもたち（六～九歳）に白人の人形と黒人の人形を見せて、「悪く見える人形を教えて」「自分と似ている人形を教えて」などと問いかけるものである。すると黒人の子どもたちは、諦めの表情で悪く見えるのは黒人の人形だと示したのである。自分たちは悪いと言わざるを得ないことは黒人の子どもたちの尊厳が損なわれていることを示している。

この研究は、人種差別撤廃訴訟であるブラウン対教育委員会裁判に大きな影響を与え、それまでのアメリカ公立学校で行われていた「分離すれども平等」は合衆国憲法違反であり撤廃されるべきという結論を後押しした。

リタ・ホリングワース

生物学的な性に対して社会や文化が期待し維持する性差を社会学的性とかジェンダーと呼ぶ。二一世紀の日本では理工系への進学は女性より男性が多く、数学の成績は男性のほうが高いとされるが、これは生物学的な性差だろうか？　もちろん答えはノーである。

一九一〇年代に活躍したリタ・ホリングワース（一八八六—一九三九）は知能に関する様々な研究をレビューし、女性のほうが劣っていることはないと結論づけ、女性が社会で活躍していないとすれば、社会が活躍を制限しているのだとして非難した。彼女はその当時に勃興したフェミニズムの考え方にも関心をもっており、心理学のデータがそれに有効に機能すると考えた。

そのフェミニズムが一般的に知られるようになったのは、第二次世界大戦が終わる頃である。一九六〇〜七〇年代の女性解放運動の流れの中では、女性たちが抑圧された感覚へのカウンセリングを求めるようになりフェミニズム・カウンセリングが現れた。

一九八〇年代に「正義の倫理」とは異なる倫理としての「他者へのケアの倫理」が重要

であると主張したのはギリガン（一九三六―）である。それまでの道徳心理学では、ギリガンの師匠筋にあたるコールバーグ（一九二七―一九八七）による道徳研究が主流であった。だがコールバーグは男性であり、自分にしみこんでいる男性的な基準で道徳性を判定していたため、結果として女性の道徳性は低いと結論づけていたのである。ギリガンは「配慮と責任の道徳」という考え方を打ち立て、男女の単純な道徳性比較が無効だと主張した。

†自閉症と心の理論

自閉症という症例／現象は一九三〇年代に発表された（第3章第2節）のだが、その当時はあまり注目されておらず、一九八〇年代になって「再発見」された。そして、「心の理論」研究が自閉症に新しい光を当てることになった。

心の理論とは、他人の心のはたらきを推測する枠組みとして提唱されたものであり、「自分が持っているような心の働きを他者も持っている」と考えるための枠組みを持っているかどうかが問題となる。ある人が心の理論を持っているかどうかを調べることができるのが「心の理論課題」であり、サリー・アン課題などいくつかのバリエーションがある。

サリーは自分の籠《かご》を持っており、アンは箱を持っている。サリーがビー玉を籠の中にいれてその場を立ち去る。サリーがいないあいだにアンがビー玉を籠から箱に移してしまう。サリーが戻ってきたとき、どこにビー玉があると思って探すだろうか。

これがサリー・アン課題である。サリー・アン課題を課せられている子どもはサリーの動きもアンの動きもわかっており、ついでにビー玉の動きも分かっている。「ビー玉の場所はどこですか?」と聞かれたら答えは箱の中で良いのだが、途中で退席したサリーはビー玉がどこにあると思っているか、ということを推測することがこの課題の意味である。全部わかっている自分から見た景色ではなく、サリーの視点から物事を考えられるか、という課題である。

こうした課題を行ったところ、三歳児まではおおむね「箱の中」と答えてしまうことが分かっている。そしてバロン＝コーエン(一九五八―)らが自閉症児に適用したところ、いわゆる普通の四歳児のみならずダウン症候群の児童と比較して、著しく成績が低かったことを見出し、自閉症児には心の理論が欠如している可能性を指摘したのである。

4　統合への気運の高まりとグローバル時代の臨床心理学

†統合アプローチの萌芽

二〇世紀を終える頃には実に様々な心理療法が開発されていたのだが、これらのお互いの関係は協働というよりは競争的であった。二一世紀を迎える頃から、数多く存在する心理療法の効率や効果そして適用性を高めるために、学派の壁を越えてよりよい方法を模索する試みとしての心理療法の統合が話題になっていった。

こうした立場は①理論的統合、②技術的折衷、③共通要因、④同化的統合の四つに分類される。①は例えば生後の経験を重視するというパースペクティブを基点にして精神分析的療法と行動療法の統合を目指すようなものであり、②は自分のところに来たクライエントの問題を解決するのに最良なものを（自分の理論的立場とは別に）提供する機能主義的なものであり、③は様々な心理療法が共通して根底に持っている基本的な治療要因（たとえばセラピストとクライエントの人間関係）について考えるものであり、④は、ある一つの心理療法がもつ理論的実践的立場を重視しつつ他の立場を取り入れてより良いものを作り上げようとするものである。

心理療法を統合しようとする志向は一九八〇年代以降から大きなうねりとなっていき「心理療法統合の探究学会」が設立され機関誌『心理療法の統合』も刊行された。また、心理療法の様々な学派の人々が一同に会するフェニックス会議が行われた。この会議はミルトン・エリクソン財団によって企画され、その所在地であるアリゾナ州で開かれた。

以下に会議の報告書の目次を掲げる。本書で取り扱われていない話題も多いが、タイトルと講演者を見るだけで心理療法のひろがりを見てとることができる。

五　心理療法のたどった道のり〔サティア〕
六　家族療法二〇年の経験からみたアメリカ人家族の力動——家族無意識〔ウィタカー〕
七　見ることを欲するならば、行動することを学びなさい〔ワツラウィック〕
第Ⅱ部　認知行動療法
八　論理療法（RET）と認知行動療法（CBT）の興隆〔エリス〕
九　科学的精神療法の振興——長い航海〔ウォルピ〕
一〇　認知療法〔ベック〕
一一　技術的折衷主義の必要性——科学・広がり・深さ・特殊性〔アーノルド・ラザルス〕
第Ⅲ部　ヒューマニスティック療法
一二　ロジャース、コフート、エリクソン——ロジャースからみた相似点と相違点の考察〔ロジャース〕
一三　クライエント中心アプローチの発展過程〔サンフォード〕
一四　実存主義的現象学を精神療法に使う〔レイン〕

二五　心と身体のコミュニケーションと人間促進の新言語〔ロッシー〕
二六　エリクソン心理療法におけるコミュニケーション治療要因〔ゼイク〕
第Ⅶ部　対位的手法
二七　神学と治療を通してみた強制の正当化〔サズ〕

様々な学派の提唱者や療法の代表的な実践家が一堂に会したわけだが、こうした会合はそれまでまったく企画されたことがなかったというから、この会の価値がわかる。こうした交流が、統合的アプローチを実際に行っていくための基盤となったことは想像に難くない。

†短期心理療法の展開

短期心理療法とは短期間に終結を図る心理療法の総称である。そして「短い」ということが価値になるということは、それまでの心理療法は「長い」ものであり、それ故に何らかの問題を抱えていたのではないかと推察される。短ければ良いということではないが、短さを求める価値が存在したのである。より具体的に述べれば、精神分析やその影響を受けた精神力動論的な心理療法の、きわめて長期間にわたって心理療法を行うという姿勢に対する代替選択肢（オルタナティブ）という側面がある。

一九七〇年代にはシフネオス（一九二〇－二〇〇八）が心身症の治療に際して精神分析的な長期の関わりよりも不安喚起を行うことで短期の終結を目指そうとした。「短期不安喚起精神療法」である。彼は精神分析を用いていたが、治療が長期化することに懐疑的になっていき、不安を喚起するという方法で患者とのやりとりを活性化して短期で効果を得ることができる心理療法を提案したのである。

ついで一九八〇年代の終わりにはシャピロ（一九四八－二〇一九）が眼球運動による脱感作と再処理法（Eye Movement Desensitization Reprocessing：EMDR）によって外傷的記憶を処理することができると提案した。彼女は、不快な体験を思い出しながら街を歩いているときに眼球を横に動かしたところ、その不快な気持ちが消えたという個人的経験を基にこの手法を洗練させた。

†心理士による投薬、精神科医による対話

一九五〇年代に有効な向精神薬が開発されると（第4章第2節）、精神医療の中心は投薬

になっていった。アメリカでは退役軍人局などが、アメリカ国内のどこにいても精神病患者が必要な治療が受けられるべきだと主張する傾向があり、その主張の中には向精神薬へのアクセスの地理的不平等の根絶も含まれていた。具体的には精神科医による精神医療が貧弱な地域においては、心理士による投薬を可能にするように迫ったのである。

アメリカでは連邦で統括すること（たとえばFBI＝連邦捜査局）以外は各州が日本国政府のような行政府として決定することができるため、二〇〇〇年代になるとアメリカ・ニューメキシコ州で、心理士による投薬が可能となった。もちろん投薬に必要な薬理などの科目の履修が心理士育成のプロセスで必要になる。

日本だとこうした動きは医学が他領域に侵入するという形をとりやすいが、アメリカだと他領域が主体性をもって医学を取り込むということになる。とはいえ、心理士が投薬する動きはアメリカでもほとんど広まっていない（二〇一九年にアイオワ州が六番目の州になった）。

心理士が投薬を行える国がある一方で、精神科医が（薬ではなく）対話を治療に用いる動きが一九八〇年代のフィンランドで始まった。西ラップランド地方にあるケロプダス病院を中心に始まった実践である。急性期の精神病患者に対して、専ら対話を行うことのみで対応する技法を「オープン・ダイアローグ」と呼ぶ。

その特徴は、精神病の当事者（患者）に関係するあらゆる人が参加可能な会合を行うことにある。もちろん当事者本人も参加できる。この会合は治療のために行われるのであるから、形式がさぞ厳格なのかと思うかもしれないが、まったくのノープランで行われる集団的な対話である。アセスメントも行わないし、何らかの結論を求めることもない。

こうした実践を急性期の精神病患者に対して行っていたところ一定の効果が見られたため、オープン・ダイアローグが引き起こす現象について関心が持たれるようになった。セイックラたちによってオープン・ダイアローグの七つの原則が提案されており、それらは即時救援、社会的ネットワークの視点をもつ、柔軟性と機動性、責任、心理的な連続性、不確実性への耐性、対話主義である。そしてこの対話にもとづく心理療法は様々な国や地域に伝播している。

†多文化心理学、ポジティブ心理学

二〇世紀後半から、文化と心理の関係に関心がもたれるようになってきた。知覚心理学においてさえも、知覚に社会・文化要因が関係するのだという理解がもたらされた。欧米で行われた心理学的研究の知見を地球の他の地域に当てはめて考えることが妥当なのかという反省的思考もなされるようになった。一九六〇年代に『国際心理学雑誌』が創刊され、心理学の地球規模化（グローバリゼーション）が意識される時代になったことも影響しているかもしれない。

人種の坩堝《るつぼ》であるアメリカでは、欧米中心的なカウンセリングや心理療法には限界があると一九六〇〜七〇年代までには気づかれていた。そして一九八〇年代には、スーらによって、カウンセラーや心理療法家が備えるべき三つの文化的なコンピテンシーについて提案していた。①自身のバイアス、仮定、価値（観）に自覚的であること、②様々な出身の人々の文化的価値や歴史的背景の知識を持つこと、そして③様々なクライエントに対応できる技術を身につけること、である。

地球規模（グローバリゼーション）で人が移動／移住する時代において、多文化カウンセリングは重要な考え方になるであろう。ただし、ここで言う文化は狭義の文化（民族など）に限定されるわけではない。階層、ジェンダー、宗教はもちろん、年齢（世代）、性的志向、障害の有無などに対して様々な文化が存在することを前提として、広義の文化の移動や越境に伴う問題を予防したり解決したりする活動になりつつある。

二〇世紀末にアメリカ心理学会会長となったセリグマンは、その会長講演でポジティブ心理学を提唱した。この考え方には、マズローの人間性心理学（第4章第1節）、セリグマンの考え（第5章第2節）、テデスキーのPTG（第4章第4節）のほかチクセントミハイによるフロー（至高）体験の考えが合流しているとされている。

それまでの心理学は、認知・行動にせよ、発達・支援にせよ、社会・共生にせよヒトという種に普遍的なメカニズムを追求するものであった。臨床心理学もその下位分野として、認知・行動の異常、発達の遅れや歪み、社会的事象が精神衛生に及ぼす悪影響に関心をもち、それをただすための介入法を提唱してきた。いわばマイナス状況の回復が主眼であった。

これに対してポジティブ心理学は、ゼロ状態を研究する心理学とも異なり、ゼロをプラスにするような働きをもつ心理学として提唱されたのであり、新しい心理学もしくは新しい臨床心理学のあり方として注目を集めている。

第6章 日本の臨床心理学史

臨床心理学的な関心は江戸時代以前にも見られたが、学問として成熟するのは近代日本に心理学が導入されてから以降のことである。大正時代の透視・念写騒動や昭和戦後期の紛争により臨床心理学への懸念が高まることもあったものの、二一世紀にむけて国家資格化を通じて社会に対して責任ある姿勢を示そうという気運が高まっていった。

1　黎明期から混乱・衰退期へ

†前史――江戸時代末期まで

日本の臨床心理学の発達について考えるために、まずは心理学の歴史を紐解きながら検討を行っていく。

学問としての心理学は西洋の哲学から派生もしくは分岐していると見なせるが、心理思想ということについて言えば土着的（indigenous）な思想は確かにあるものの、学問としての心理学に関しては土着的な思想の影響はそれほど大きくない。

学問としての心理学に初めて接した日本人の一人が西周《にしあまね》（一八二九－一八九七）である。

元良勇次郎

西周

彼は江戸末期に幕府の役人としてオランダに派遣され広く人文社会学を学んだ。明治維新後には明治新政府の役人として、精神哲学者ヘヴン（第1章第3節）の"Mental Philosophy: Including the Intellect, Sensibilities, and Will"を翻訳しそのタイトルを『心理学』と名づけて出版した。日本で最初の心理学の本であり、この本の影響で今も心理学という名称が使われていると思われる。

†黎明期――元良勇次郎による精神遅滞児の注意訓練

明治時代になると、西洋の学問や思想を取り入れる風潮が進み、心理学については元良勇次郎《もとらゆうじろう》（一八五八－一九一二）がアメリカで学んだ心理学を日本に紹介し、自ら研究を行い弟子を育てた。

彼の関心は広く、「白内障者の視覚に関する実験」は、モリヌー問題（第1章第2節）を日本で初めて扱ったものである。また精神遅滞児の成績が悪いのは「注意ができない」ことに起因すると考え、「児童の注意力とその訓練についての実験」を行い注意の訓練法を提案した。アメリカのウィトマー同様、日本でも知的障害児（または学習障害児）の問題から臨床心理学が始まったのは興味深い。

元良は後進を数多く育てたが、その代表は松本亦太郎《またたろう》と福来友吉《ふくらいともきち》である。前者は知能とその測定、福来友吉は催眠や変態（異常）心理学の研究によって日本の臨床心理学の発展に寄与した。ただし福来は大きな問題を起こし、日本の臨床心理学発展に少なからぬマイナスの影響を与えることになる。

†揺籃期——催眠の流行

明治後期になると、欧米の影響で催眠術が流行した。中には催眠術を用いて詐欺まがい・犯罪まがいのことを行う人も出てきたので、その取り締まりが重要な社会問題になっていた。

元良の弟子・福来友吉（一八六九－一九五二）は、東京帝国大学（現・東京大学）で催眠や変態心理学の研究を行っていた。変態はAbnormalの訳であり、現在では異常と訳される。当時の日本では、いかがわしい催眠が流行しており、福来は心理学の専門家という立場から催眠の濫用《らんよう》を取り締まる側にとって有用な知識を提供した。もちろん、自身も催眠を習得しており、心理療法の領域にも足を踏み入れていた。そして、元良勇次郎のもとで東京帝国大学の助教授（現在の准教授）に任命された。なお、森鷗外の『魔睡』という小説はその頃の催眠の濫用の状態がモチーフになっている。

福来友吉

混乱期――福来友吉による透視・念写騒動

福来友吉に期待されていたのは、変態心理学（今の異常心理学・臨床心理学）を研究し後進を育てこの領域を発展させることであった。しかし彼は催眠の研究のさなかに透視ができるという女性（御船千鶴子）を知り、その研究を始めてしまう。

たとえば筒の中に入っている紙を読むことができる、というのが透視なのだが、多くの学者が参加した公開実験などを経て、透視の存在は否定的になっていった。それにもかかわらず、福来はさらに念写ができる女性を発見したと発表してその研究に打ち込んだ。

簡単に述べれば、精神の力で写真に像を映し出すことができるということである。今流にいえば、スマホのカメラで撮影しなくても念じれば画像を写せる人がいる、ということである。念写ができる人がいてもかまわないが、いつでもどこでもできないのであれば、それは能力とは認められない。そこで、透視に続いて念写の存在も学界では否定されることになっていった。

ところが福来は自説の間違いを認めず、大学を去って研究を続けることになった。悪いことに元良勇次郎が死去したため、福来をたしなめたりかばったりする人物もいなくなってしまった。研究者個人の活動ということで捉えれば、福来が自身の主張を貫き我が道を行ったことは、(間違いであったとはいえ)責められるべきではないかもしれないが、日本の心理学のあり方には影響を与えた。

それは、新しい学問であった心理学という学問から、臨床心理学に関する領域の研究が抜け落ちてしまったということである。この領域を学ぶ学生が継続的に輩出されたならば、研究も進み今で言う臨床心理学領域が発展したはずだったのだが、そういう機会が失われたのである。研究も教育も人が担うのであるから人材育成は重要である。

なお、（臨床心理学ではなく）心理学全体を見渡してみると、明治期日本社会における心理学に対する関心は高まっており、一般向けに心理学の成果を伝える心理学通俗講話会の成立、準学術誌『心理研究』の発刊など、今でいうサイエンス・コミュニケーション的な活動が多く行われていた。

2　活性化期から停滞期へ

†上昇期――知能検査への期待

心理療法を中心とする臨床心理学については、大学という場での研究は廃れてしまったが、大正時代になると臨床心理学や精神分析に関する知識が次々と日本に入ってきて活況を呈した。また、日本女子大学校（現・日本女子大学）を卒業後にアメリカにわたり、コロンビア大学で心的疲労の研究で博士号を取得して帰国した原口鶴子のように、新しい時

原口鶴子

代を感じさせる人物も現れた。
　まず知能検査に関する関心が高まった。明治末期から大正時代の日本は、東京で都市化が始まり学力や知能への関心が高まっていたのである。フランスのビネが開発した知能検査（第2章第2節）は、その発表から二年後には概要が日本で紹介され、念写で失墜した心理学の信用を挽回すべく松本亦太郎（一八六五－一九四三）が熱心に研究や実践に取り組んだ。また教え子の田中寛一などが日本版知能検査の作成を行った。彼の取り組みは組織化され継続し、現在の田中教育研究所での知能検査の開発・販売に引き継がれている。
　なお、時代は少し下ることになるが、現代日本において「血液型占い」として命脈を保っている血液型と性格の関係に関する学説もそのルーツは大正時代の日本にある。提唱者・古川竹二は東京女子高等師範学校（お茶の水女子大学の前身）付属高等女学校の入試担当者として公正・公平な選抜方法を追求する立場にあった。彼は知的側面のみの試験（知能検査）だけでなく、性格の客観的な試験も必要だと考えたのである。彼は面接試験では明るくハキハキした子が有利であると考え、それを補正する方法を探していた。そして、性格を捉える方法として当時最新の科学的知見である血液型が使用できるのではないかと考えるに至った。

彼の学説には、客観的方法による心理の把握という心理学的背景だけではなく、入試地獄などの社会的背景が存在したことが大きい。彼の学説が『心理学研究』誌上に発表されると大きな反響を呼び、昭和の初期に三〇〇以上の研究が医学、教育、労働、軍隊などで行われた。結果の安定性や論理展開に疑義がもたれて影響力を失ったが日本の心理学史上で最も注目を集めたのは古川の学説であったことは疑いない。

松本亦太郎

†活性化期——雑誌『変態心理』創刊、森田療法の提唱

作家（のちに精神科医）中村古峡《こきょう》は、弟が精神病になったことからこの領域に関心をもち『変態心理』という雑誌を創刊した。この雑誌は精神分析や森田療法の知識を発表する媒体となった。

森田正馬

森田療法の創始者である森田正馬《まさたけ》（一八七四－一九三八）は、一六歳の頃から死に対する恐怖が強く不安神経症的な傾向やパニック発作に苦しんでいた。その森田が創始した独自の心理療法が森田療法である。

森田療法とは、絶対臥褥《がじょく》、作業、日常生活などの経験を通して、神経質による不安を克服することを目指す心理療法である。家庭的環境のもと四〇日間の入院をしながら治療を行い、特に最初の一週間は自分の悩みごとだけと向き合う絶対臥褥を行う。すると、最初の数日は不安が高まるものの、のちには何かをしたくなる。それが生の欲望であり、簡単な作業などを徐々に行うことで、回復に向かっていくのである。森田は『変態心理』で自説を発表するだけでなく、変態心理講習会で講師を務めて、一般社会への情報発信も行っていた。

精神分析に関する知識としては、ホールのもとに留学した久保良英が『精神分析法』を出版した。また、大正末期になるとフロイトの著作の翻訳もなされた（安田徳太郎訳『精神分析入門』）。精神分析は（フロイトから直接学んだのではなく）、アメリカのマイヤーの基に留学した丸井清泰（一八八六‐一九五三）によって日本の医学に導入され一定の影響力をもった。

丸井の弟子の一人である古澤平作（一八九七‐一九六八）は、オーストリアに留学を果たし心理療法としての精神分析の実践を学んだ。さらに彼はフロイトに「阿《あ》闍世《じゃせ》コンプレックス」の理論を披露した。これは、父親と子どもとの葛藤が大きい西洋とは異なり、日本では母親との関係が重要だとして作られた理論である。

†戦忙期——傷痍軍人リハビリテーション

日本が日中戦争を経て太平洋戦争を引き起こす頃には、軍事関係に心理学が活用される例が出てきた。臨床心理学に関する事項としては、パイロット選抜などの適性検査、兵員の知能検査、そして傷痍軍人への対応があげられる。

戦争が泥沼化するにつれて負傷する軍人の数も増えていった。およそどこの国でも、傷痍軍人の治療や保護は重要な課題であった。戦争に送り出すだけ送りだして怪我をして帰ってきたら面倒を見ませんよ、ということでは国民が納得せず厭戦《えんせん》気分が高まるからである。これは日本だけでなくあらゆる軍事国家において当てはまる。厚生省（現在は厚生労働省）の下部組織である傷兵保護院には、心理学者も雇用されて傷ついた兵士の心身のリハビリテーションを行っていた。

こうしたなか、失明した元軍人が日本大学に入学して心理学を専攻する事例があった。松井新二郎は、戦闘中に敵の砲弾によって目を負傷しのちに完全に失明した。彼は在学中に終戦を迎えることになり、「失明傷痍軍人の職業指導に関する心理的考察」という卒業論文を提出した。「終戦後における失明軍人の職業指導対策」という付録がついていた。第二次世界大戦後、松井は視力障害者の社会進出に貢献するだけでなく盲人ゴルフや盲人写真にも取り組んだ。

†休止期（戦閑期）――国破れて山河あり

第二次世界大戦前夜、日本心理学会、応用心理学会、関西応用心理学会、精神技術協会は合同して心理学会という一つの学会にまとまった。この学会には基礎・教育・産業・司法・傷病保護・軍事という六つの部会が設置された。心理学は五つの応用分野で時局に対応しようとしたのであり、そのうちの二つが軍事と関係をもっていた。

当時の政府にとって優生学的政策や軍事国家化政策は不可欠のものであり、その遂行には心理学の知識や技術も必要とされることがあった。たとえば、優生思想の実現のためには知能の測定による人の振り分けが必要だったから、自ずと心理学者の関与する余地ができていた。軍においても、アメリカでそうであったように航空機操縦への適性や一般知能、性格検査などに心理学の技術が期待されていたため、軍の機関に雇用される心理学者は増加した。また、戦争が長期化して傷痍軍人が増えるとそのリハビリの問題が新しく浮上し、心理学者はその課題に取り組んだ。

そして、戦局が日本に不利になると、防空偽装や流言の取り締まりなどへも心理学者の働きが期待された。ここで流言とは「日本は戦争に負ける」というような結果として正しい予言であったから、心理学者は何のために働いているのかという反省的思考が必要だったはずである。これは現在のロシアのウクライナ侵攻時における国内の情報取り締まりなどにもあてはまるだろう。

戦争は様々な形で人々のライフ（生命・生活・人生）や学問に影響する。私たちはこの当時になにが起きていたのかを反省的に捉えることが必要であるし、現代において似たようなことが起きていないかについての検討が必要であろう。

3　知識流入・自立期から挫折期へ

†知識流入期――ＧＨＱによる教育の科学化と心理学

第二次世界大戦に敗れた日本はアメリカを中心とする連合軍に占領されその統治下に置かれた。これまでの教師養成システムも見直しの対象となった。

神国思想の再生産を行うような教育ではなく、科学に基づく教育学が導入されることになったのだが、その中心の一つは教育に関する心理学、つまり教育心理学であった。教育心理学を学ぶことが教育職員免許状を得るための必修科目となったのである。そして、カウンセリング、ガイダンス、グループ・ダイナミックス、教育測定などの分野がアメリカから導入された。

その結果、「発達」「学習」「人格（適応）」「評価」といういわゆる「教育心理学の四本柱」が教員を目指すすべての学生に教授されるようになった。臨床心理学は「人格（適応）」を中心にあらゆる分野に関与していたため、教育・実践・研究が次第に活発になっていった。

日本と同様に敗戦国となったドイツでは、ナチス・ドイツの排外主義的政策によって優秀なユダヤ人心理学者がアメリカ等に亡命していたため、アメリカの心理学が世界の心理学をリードする立場になっていた。そのアメリカから一流の学者が訪日して教育指導者講習会等で指導を行っただけではなく、フルブライト奨学金などを得てアメリカに留学する機会を得た者もいた。こうしていくつかのルートでもたらされたアメリカの心理学、中でもロジャーズ（第3章第4節）のカウンセリング理論・実践は様々な形で日本の心理学者たちを魅了し、日本の臨床心理学の一つの基盤となった。

南博

†アメリカかぶれ？　心理学ブームが巻き起こる

第二次世界大戦後には、心理学ブームと呼ばれるほど、心理学が世間に受け入れられた時期があった。その立役者は、戦時中にアメリカ留学を行い、帰国後に心理学の魅力を伝えた南博（一九一四－二〇〇一）であった。彼の著書『社会心理学』は、心理学という学問、アメリカという国、の魅力を伝えて歓迎された。

波多野勤子《いそこ》（一九〇五－一九七八）が自らの育児体験を題材にした『少年期』を、望月衛（一九一〇－一九九三）が『欲望』を出版するとそれぞれベストセラーとなった。望月は東宝における労働争議に加わっていたことでも有名である。このあと、フランスで精神医学を学んで帰国した宮城音弥も加わり、一九五〇年代以降の日本において、心理学的なものの見方が非常にもてはやされることになっていった。

一九五〇年代には岩波新書が心理学を世間に発信する媒体となった。南博は『社会心理学入門』を、宮城音弥は『精神分析入門』をそれぞれ発表した。時代は下るが一九六〇年代の詫摩武俊『性格はいかにつくられるか』も洛陽の紙価を高らしめた。

ただし、この時代においては大学における心理学専攻の学生が増えたり研究者が大幅に増加することはなかったため、研究して知識を生産するというよりは、海外の知識を輸入して日本に紹介するという側面が強かったと言える。

†組織化模索期——日本臨床心理学会

一九五〇年代には浄土真宗の熱心な仏教徒である吉本伊信《いしん》（一九一六－一九八八）が内

観療法を提唱した。この内観療法は、日本固有の心理療法に位置づけられ、特定の他者との関係に焦点を当てることで、自己中心的な考えを減らすことを目的としている。

また、終戦直後にアメリカから臨床心理学や心理療法の知識を吸収し実践や研究を行った者が二〇年を経て中堅層に成長したことから、学術的な交流を求める声が大きくなり日本臨床心理学会が設立された。

当時の日本では、臨床心理学が大学のカリキュラムに位置づけられていたわけではないが、教育心理学の四本柱の一つである「人格（適応）」の中で、ロールシャッハ検査、精神分析、（レヴィン流の）性格分析、ガイダンス、カウンセリングなどに興味がもたれその研究や実践が行われていた。

さらに、同じく四本柱の中の「学習」という領域では、行動の学習や記憶の研究が行われていたが、正常な行動のみならず誤った行動や異常な行動がどのように発生し維持されるのか、そしてそれを除去することは可能なのか、というような関心が高まっていき異常行動研究会が設立された。

†挫折期――資格化が社会の大波をかぶって頓挫

一九五〇年代には日本応用心理学会が「指導教論（カウンセラー）設置に関する建議案」を衆議院・参議院に提出し、両院で採択されるなど、資格への関心は高まっていた。そして一九六〇年代になると、臨床心理の実践について、資格を設けて社会的にわかりやすい責任を果たそうとする考えが生まれてきた。日本臨床心理学会が成立するとこの学会が資格整備のプラットフォームとなり準備が進められた。

しかし、その一九六〇年代は安保闘争に始まる政治の時代であり、特に大学生が世の中に対する批判を強めていた時代であった。学問や専門の優位性そのものが批判の目にさらされてさえいた。精神医学領域の最大の学会である日本精神神経学会は、その当時頻発していた精神病院の治療における不祥事を批判し、ついに、理事会そのものが改革されることになった。

こうした状況の中、心理学の関係者が準備してきた臨床心理士という資格は、目に見えない心理を専門的に捉えて人を分類することへの疑問なども巻き起こすことになった。精神医学においてはすでに存在する資格そのものの破壊には至らなかったが、資格ができていなかった心理学領域においてはそれを作ることの意味を激しく問われることになったのである。

戦前期に臨床心理学が育っていなかった日本において、戦後二〇年を経てようやく社会的な認知を得られるのではないかと期待されていた資格制度であるが、その根幹となる専門性への批判の前に、日の目をみることなく潰えたのである。民間の臨床心理士資格という形で資格制度が整備されるまではさらにおよそ二〇年が必要であった。

4　再生期・国家資格の整備へ

†社会的ブーム――『モラトリアム人間の時代』

一九七〇年代には、精神分析の専門性を背景にした一般にもわかりやすい著書を発表する研究者が現れ、日本社会における心理学のイメージ形成に大きな影響を与えた。土居健《たけ》郎《お》（一九二〇－二〇〇九）と小此木啓吾（一九三〇－二〇〇三）である。この二人はいずれも古澤平作（第6章第2節）に師事した精神分析学者であるが、日本社会においては「心理」に関する専門書を公刊したと捉えられることが多々あった。

土居健郎は、日本における人間関係が西洋におけるそれとは異なり、相互依存型であることを「甘え」という概念で描きだした。甘えをdependencyと訳すと西洋的な個人と個人の関係性における依存と理解されてしまうが、その前提となる個人と個人の関係性自体が日本と西洋では異なっていることが重要である。日本の精神分析は（西洋のように父子関係ではなく）母子関係に焦点をあてていたことから、母子一体化などを概念化しやすかった。

一九七〇年代には、母子心中・育児ノイローゼという現象が耳目をひくことになった。その当時において、都会に出てきた若いカップル・夫婦は、三種の神器と呼ばれた家電（白黒テレビ、洗濯機、冷蔵庫）に囲まれて、夫婦と子どもだけの生活（核家族）を送ることが一種の理想とされていた。だが、夫だけが会社勤めをする風潮のなか、家事を任された妻が人間関係から孤立するという事態となりいわゆるノイローゼ状態となることが多発したのである。こうした妻が自殺という道を選ぶときに子どもを道連れ／巻き添えにするという現象が母子心中である。

ただし、この母子心中という名称自体が、歪んだ母子一体感の表れである。一九八〇年代にアメリカで入水《じゅすい》母子心中を図って生き残った母に対して「海で子どもを殺そうとするまでの虐待＋子どもに対する意図的殺人」という求刑がなされかねないことが話題になったことがある。母子一体化が強い日本の文化が他の文化で通用するわけではないことが問題となった例である。

小此木啓吾は、エリクソンのモラトリアム（第4章第2節）という概念を日本の青年の分析に批判的に適用して時代の寵児《ちょうじ》となった。大学進学率が上昇することにより、勉学以外の目的で大学に在籍している学生が多いのではないかという世間の目を代弁するものでもあっただろう。

また、この時期にスイスのユング研究所で訓練を受けて帰国し、ユング心理学の概念で個人や世相を描写したのが河合隼雄《はやお》（一九二八－二〇〇七）である。彼は数学教師として高校で教鞭をとりながら大学院で心理学を学んだ存在であり、良くも悪くも心理学の基礎教育は受けていなかった。サンドプレイという心理療法を「箱庭」療法として日本に紹介したのも彼である。

なお、この時期には日本行動療法研究会が組織され機関誌『行動療法研究』第一巻が発刊された。行動療法は餌付け療法だというような悪口を言われることもあったが、二一世紀にはエビデンスに依拠する心理療法として活況を極めることになる。

†制度化期——日本心理臨床学会設立、日本臨床心理士資格認定協会

臨床心理学に関する資格については、日本心理学会第四二回大会（一九七〇年代後半）で「心理臨床の夕べ」という会合が行われるなど新しい動きも始まった。

一九八〇年代初期には日本心理臨床学会が創設され、挫折した臨床心理士という国家資格を追求する動きもあったが、八〇年代後半に至り「日本臨床心理士資格認定協会」が設立されて民間資格としての臨床心理士資格を認定することとなり、一〇〇名強の臨床心理士が誕生することになった。この資格はそのあと大学院（修士課程レベル）の課程修了を必要とする資格となった。こうした動向をリードしたのは河合隼雄のほか、動作に着目して心理リハビリテーションの技法を確立した成瀬悟策（一九二四－二〇一九）らであった。

一九八〇年代の日本の心理学「界」は学会創設ラッシュの時期でもあった。当時のメインストリーム学会であった日本心理学会や日本教育心理学会に、イノベーティブな考えを認めない閉鎖主義的な面があったからか、新しい考えを重視する人達の独立心が旺盛だったからか、おそらく両者であるが、様々な学会が誕生することになった。

臨床心理学に近いものを以下に掲げておく。「日本心理臨床学会」という学会が設立されてもなお、個別の学会が設立されていたのである。すなわち日本リハビリテイション心理学会、日本人間性心理学会、日本家族心理学会、日本学生相談学会、日本箱庭療法学会などが一九八〇年代に設立された。こうした現象を、一つにまとまらない日本の臨床心理学「界」の欠点として理解するか、様々な関心を持つグループが自由に学会を作ることができる利点として理解するか、これもおそらく両者なのであろう。

蛇足ながら、一九八〇年代末には歌手・森高千里が楽曲『ザ・ストレス』を発表した。♪たまる、ストレスが♪で始まる森高自身による歌詞は、ストレスという語を極めて早い時期に取り入れた例である。

†社会化期――阪神・淡路大震災とPTSD

一九九五年一月、兵庫県・淡路島北部を震源地とするマグニチュード7・3の地震が発生し、死者約六〇〇〇人、被災者八〇万人の被害をもたらした。

震災後しばらくするとメディアの多くが被災者の心理的支援が重要だということを指摘した。そして、被災者が仮設住宅に移り始めると、PTSD(心的外傷後ストレス障害)による心身の健康上の問題への対応の重要性が認識されるようになった。PTSDにおいては再体験、回避、過覚醒の三つの症状が見られるとされる(第4章第4節)。また、同じ年の三月にはオウム真理教事件が起き、マインド・コントロールという現象に興味が集まった。

PTSDについては、自然災害だけではなく性被害などの後遺症としても起こりうるとして理解が深まっていくことになる。

†公認心理師の成立

二一世紀の出来事は、歴史として描くことは難しいが、いくつかのことを補足的に記述しておきたい。

まず、二〇世紀の最後の年に、中京大学に心理学部が設置された。これ以降、私立大学において心理学をその名に冠する学部が誕生することになる。

認知療法と行動療法の価値が高まったのも二一世紀になってからである。しかし、わかりにくいことに似たような名称の二つの学会が存在する。日本認知療法・認知行動療法学会と日本認知・行動療法学会である。それぞれ独自の学会誌を発刊するなどして、学術活動を行っている。

そして、二〇一五年に公認心理師法が成立し二年後から施行された。国家資格である公認心理師制度が設立されたのである。

厚生労働省のウェブサイトによれば「公認心理師とは、公認心理師登録簿への登録を受け、公認心理師の名称を用いて、保健医療、福祉、教育その他の分野において、心理学に関する専門的知識及び技術をもって、次に掲げる行為を行うことを業とする者」のことである。そして四つの業とは以下のようである。

(1)心理に関する支援を要する者の心理状態の観察、その結果の分析
(2)心理に関する支援を要する者に対する、その心理に関する相談及び助言、指導その他の援助
(3)心理に関する支援を要する者の関係者に対する相談及び助言、指導その他の援助
(4)心の健康に関する知識の普及を図るための教育及び情報の提供

この資格の未来は若い学徒の肩にかかっている。

おわりに　謝辞もこめて

本書は拙著『臨床心理学史』（東京大学出版会）をコンパクトにしたものではない。どちらかというと『臨床心理学史』で果たせなかったことを果たそうとして構想されたものである。果たせなかったことの一つは日本の臨床心理学史に触れること、もうひとつはコンパクトな歴史記述である。

二〇一八年の年末に恩師・詫摩武俊先生（東京都立大学名誉教授）が逝去した。幸いにも二つの学会で追悼記を書くことができたので、弟子としてやるべきことはやれたのかなと安堵している。そのうえで、恩師も関わっていた日本の臨床心理学史に踏み込むことにした。コンパクトさも重要で、おそらく『臨床心理学史』は発売後半年たっても通読できた人はほとんどいないのではないかと思われる（他の拙著のようにネット上での評価が皆無に近いことでそのことが推察される）。

本書で扱えなかったことは多いが、当然ながら最近の出来事を扱うことができなかった。

二一世紀前半におきたコロナ禍において人々の生活は一変した。そして、たとえば遠隔心理学という考え方が表れてきた。これまでも電話を用いた相談などもあっただろうが単にその延長線上にあるわけではなく、特に臨床心理学における二者関係のあり方を大きく変える可能性がある。

その他AIを用いたアプリによる心理支援なども活発になりつつある。ついでに言えばその開発費用をクラウド・ファンディングで研究者自らが集めるような活動も活発になってきている。研究費は学「界」の権威によって配分されるものではなく、研究者が市場・市民に直接訴えるものになってきているのである。

本書は、博士学位論文のご指導をいただいた大橋英寿先生（東北大学名誉教授）の教えにしたがって、注がまったくないものになっている。これは学術書・歴史書としては珍しいだろう。だが最近、小説家・藤原無雨氏の小説が「本文と注釈が一体」となっている文体によって注目されていることを知った。本書も注釈がないが故のメビウスの輪的な一種の不思議感・目眩感を感じながら読んでもらえるならばありがたいことである。

本書の構想を筑摩書房で『心理学の名著30』でお世話になった編集者に相談したところお骨折りをいただき出版社内の編集会議において出版へのゴー・サインがでて、その後は柴山浩紀氏にお世話になった。様々な限界を抱えている本書ではあるが、この『臨床心理学小史』を通じて、歴史的な見方をもとにした臨床心理学の理解が深まることを願っている。

追記

本書の再校を出版社に送った夜、友人・井上厚史氏の訃報に接した。氏は、一介の心理学者による西周研究に価値を見出し、島根県立大学・西周研究会で発表の機会を与えてくれただけではなく、同研究会編『西周と日本の近代』に拙稿を執筆する機会を与えてくださった。日本心理学史と日本思想史の架橋の手助けをしていただいたことに深く深く感謝したい。本書を氏の墓前に捧げたい。

主要参考文献

・T・H・ウルフ『ビネの生涯――知能検査のはじまり』宇津木保訳、誠信書房、一九七九
・大芦治『心理学史』ナカニシヤ出版、二〇一六
・クリフォード・ピックオーバー『ビジュアル　医学全史――魔術師からロボット手術まで』板谷史、樺信介訳、岩波書店、二〇二〇
・ウェイド・E・ピックレン『心理学超全史――年代でたどる心理学のすべて（上・下）』川口潤監訳、ニュートンプレス、二〇二一
・J・M・ライスマン『臨床心理学の歴史』茨木俊夫訳、誠信書房、一九八二
・佐藤達哉『知能指数』講談社現代新書、一九九七
・佐藤達哉・溝口元編著『通史　日本の心理学』北大路書房、一九九七
・佐藤達哉『日本における心理学の受容と展開』北大路書房、二〇〇二
・サトウタツヤ『IQを問う――知能指数の問題と展開』ブレーン出版、二〇〇六
・サトウタツヤ『心理学の名著30』ちくま新書、二〇一五
・サトウタツヤ『臨床心理学史』東京大学出版会、二〇二一
・サトウタツヤ、高砂美樹『流れを読む心理学史 補訂版』有斐閣、二〇二二
・ジェフレイ・K・ゼイク編『21世紀の心理療法』Ⅰ、Ⅱ、成瀬悟策監訳、誠信書房、一九八九／九〇

ちくま新書
1656

臨床心理学小史《りんしょうしんりがくしょうし》

二〇二二年五月一〇日　第一刷発行

著　者　サトウタツヤ
発行者　喜入冬子
発行所　株式会社 筑摩書房
東京都台東区蔵前二-五-三　郵便番号一一一-八七五五
電話番号〇三-五六八七-二六〇一（代表）
装幀者　間村俊一
印刷・製本　株式会社 精興社

ISBN978-4-480-07482-9 C0211

ちくま新書

1149
心理学の名著30
サトウタツヤ
臨床や実験など様々なイメージを持たれている心理学。それを「認知」「発達」「社会」の側面から整理しなおし、古典から最新研究までを解説したブックガイド。

1582
バイアスとは何か
藤田政博
事実や自己、他者をゆがんだかたちで認知する現象、バイアス。それはなぜ起こるのか？　日常のさまざまな場面で生じるバイアスを紹介し、その緩和策を提示する。

1528
レイシズムとは何か
梁英聖
「日本に人種差別はあるのか」。実は、この疑問自体が差別を生み出しているのだ。「人種」を表面化させず、差別を扇動し、社会を腐敗させるその構造に迫る。

1423
ヒューマンエラーの心理学
一川誠
仕事も勉強も災害避難の判断も宝くじも、直感はもちろん熟考さえも当てにならない。なぜ間違えてしまうのか。錯覚・錯視の不思議から認知バイアスの危険まで。

1419
夫婦幻想
——子あり、子なし、子の成長後
奥田祥子
愛情と信頼に満ちあふれた夫婦関係は、いまや幻想なのか。不安やリスクを抱えつつも希望を見出そうとして苦闘する夫婦の実態を、綿密な取材に基づいて描き出す。

1402
感情の正体
——発達心理学で気持ちをマネジメントする
渡辺弥生
わき起こる怒り、悲しみ、屈辱感、後悔……。悪感情に翻弄されないためにどうすればいいか。友情や公共心を育み、勉強や仕事の能率を上げる最新の研究成果とは。

1384
思いつきで世界は進む
——「遠い地平、低い視点」で考えた50のこと
橋本治
「あんな時代もあったね」とでは済まされない怒濤の展開。日本も世界も「思いつき」で進んではいないか？　アナ雪からトランプまで、橋本治、最後の時代診断。